René Lejeune

MEDJUGORJE

Geschichte und Botschaft

Novenen und Rosenkranz zur Königin des Friedens

Übersetzung: Doris Dunkmann

PARVIS-VERLAG
CH-1648 HAUTEVILLE / SCHWEIZ

Andere Werke von René Lejeune beim Parvis-Verlag erschienen

– «Der kleine Weg» der Theresia von Lisieux

– Karl Leisner, Wie Gold im Feuer geläutert

– Medjugorje: 365 Tage mit Maria

Parvis-Verlag
CH-1648 Hauteville / Schweiz

Gedruckt in der Schweiz

ISBN 3-907523-85-7

I.

Die Ereignisse

1. Die Seher

Vicka Ivankovic, 3.9.1964 in Bijakovici.
Seherin des ersten Tages, des 24. Juni 1981. Seitdem erscheint ihr die heilige Jungfrau täglich. Liebenswürdig und offen, geht sie ganz in ihrer Sendung auf. Lebt bei ihren Eltern in Bijakovici. Maria hat ihr bis heute neun von zehn Geheimnissen anvertraut.

Mirjana Dragicevic-Soldo, 18.3.1965 in Sarajewo.
Seherin des ersten Tages, hatte Erscheinungen bis zum 25.12.1982. An diesem Tag eröffnete ihr die heilige Jungfrau, daß sie ihr zeitlebens am 18. März, Mirjanas Geburtstag, erscheinen werde. Ihr sind alle zehn Geheimnisse anvertraut worden. Sie lebt in Medjugorje, ist verheiratet und Mutter von zwei Mädchen. Mirjana ist es aufgetragen, der Welt die zehn Geheimnisse bekanntzugeben. Sie hat Pater Pero gewählt, sie im geeigneten Augenblick zu enthüllen; Mirjana wird sie ihm eine Woche zuvor anvertrauen.

Marija Pavlovic-Lunetti, 1.4.1965 in Bijakovici.
Seherin des zweiten Erscheinungstages, des 25. Juni 1981. Die heilige Jungfrau erscheint ihr täglich. Durch sie gibt Maria der Welt jeweils am 25. des Monats ihre Monatsbotschaft bekannt. Nach ihrer Heirat mit einem Italiener lebt sie in Italien; sie ist Mutter von drei Söhne. Die heilige Jungfrau hat ihr neun Geheimnisse anvertraut.

Ivan Dragicevic, 25.5.1965 in Bijakovici.
Seher des ersten Tages; seither erscheint ihm die heilige Jungfrau jeden Tag. Er kennt die ersten neun Geheim-

nisse. 1994 hat er eine Amerikanerin aus Boston geheiratet. Sie leben in Medjugorje und haben eine Tochter.

Ivanka Ivankovic-Ellez, 21.6.1966 in Bijakovici.
Maria ist ihr vom 24. Juni 1981 bis zum 7. Mai 1985 erschienen, dem Tag, an dem sie ihr das zehnte und letzte Geheimnis anvertraute. Die heilige Jungfrau hat versprochen, ihr jährlich am 25. Juni zu erscheinen, dem Jahrestag der ersten an die Sehern gerichteten Worte. Ivanka lebt abseits des Dorfes; sie ist verheiratet und hat drei Kinder.

Jakov Colo, 6.3.1971 in Bijakovici.
Mit zehn Jahren kleiner Seher des zweiten Tages. Die heilige Jungfrau erscheint ihm seitdem jeden Tag. Er lebt in Medjugorje, ist verheiratet und hat zwei Kinder. Er kennt die ersten neun Geheimnisse.

* * *

Jelena Vasilj, geb. 1971, hat seit dem 15. Dezember 1982 innere Ansprachen, manchmal verbunden mit inneren Bildern. Sie studiert Theologie an der Franziskanischen Universität von Steubenville/Ohio in den Vereinigten Staaten. Jelena ist kontemplativ veranlagt.

* * *

Ausnahmslos alle Seher beweisen eine erstaunliche geistliche Tiefe und Reife. Diese im Jahre 1981 noch ganz gewöhnlichen Jugendlichen leben, seit sie herausgehoben wurden, im Gehorsam gegenüber dem Evangelium und in Treue zur Kirche; sie sprechen wie Seelenhirten und sind in den Lehraussagen sicher und ohne Fehl. In ihrem Leben und Reden spiegeln sie das unsagbare Geheimnis wider, dessen Zeugen sie seit mehr als fünfzehn Jahren sind. Auf ihr ehrliches Zeugnis hin ist es zu zahlreichen Bekehrungen — einem Werk des Heiligen Geistes — gekommen. Ist dies nicht der schönste Beweis für die Echtheit, auch ohne die Wunder aufzuzählen, die zu Hunderten belegt sind? «Man erkennt den Baum an seinen Früchten» (Mt 7,16).

2. Der 24. Juni 1981

In der Hitze dieses Johannistages gehen zwei Oberschülerinnen den steinigen Weg am Fuß des Hügels über Bijakovici, einem kleinen Ortsteil von Medjugorje. Mirjana (16) und Ivanka (15) haben sich einfach davongemacht. Sie haben im Ort ein Päckchen Zigaretten gekauft und wollen nun hier draußen zur Krönung ihres sommerlichen Spaziergangs eine rauchen. Halb so schlimm, nichts weiter als die Heimlichtuerei der Jugend, verbunden mit der geheimnisvollen Anziehungskraft der verbotenen Frucht! Das ist so alt wie der Garten Eden selbst... Maria nimmt ihre Kinder so wie sie sind...

Es ist 3 Uhr nachmittags. Die beiden Freundinnen kehren um ins Dorf. Sie kommen schon zu den ersten Häusern, als Ivanka plötzlich wie versteinert stehenbleibt. Auf dem Abhang des Hügels erblickt sie 200 m entfernt eine leuchtende Gestalt. Sofort erkennt sie darin Jene, die ihr durch Statuen und Bilder vertraut ist:

– Die Gospa, flüstert sie mit stockendem Atem. Die «Gospa» — die Dame...

– Das ist nicht die Gospa, erwidert Mirjana, ohne überhaupt hinzuschauen.

Der Vorfall erweckt Furcht in ihnen. Sie laufen davon, zurück ins Dorf. Dort begegnen sie der zwölfjährigen Milka, die ihre Schafe von der Weide holen will. Sie drehen sofort um und gehen mit der kleinen Hirtin. Und, o Wunder, dort oben erblickt Ivanka die Erscheinung aufs neue. Eine Dame im Licht, mit einem Kind auf dem Arm. Alle drei können die Vision ausgiebig betrachten.

In diesem Augenblick kommt Vicka, eine schelmische, fröhliche Sechzehnjährige, dazu. Die drei rufen ihr zu:

– Schau, da drüben ist die Gospa!

Von diesen betroffen und zugleich bestürzt vorgetragenen Worten gerät Vicka außer sich, sie läuft davon, ohne auch nur einen Blick auf den Hügel zu werfen. Im Ort bricht sie in Schluchzen aus. Sie wird hin- und hergerissen zwischen der Furcht und der Anziehung, die die Erscheinung bereits auf sie ausübt. Als sie Ivan (16) sieht, bittet sie ihn, mit ihr wieder dorthin zu gehen.

Als sie bei ihren drei Freundinnen ankommt, erblickt auch sie die strahlende Gestalt. Ivan aber, der läßt den Sack Kartoffeln fallen, den er bei sich hat, und läuft weg.

Vicka steht wie angewurzelt. Lange schaut sie diese wunderbare Gestalt mit dem Kind an, die es erst bedeckt, dann wieder sehen läßt. Sie wagt nicht, der Einladung der Dame zu folgen, die sie zu sich heranwinkt…

Nach fünf, sechs Minuten gewinnt die Furcht erneut die Oberhand über das Glück, dieses wunderbar schöne Schauspiel zu betrachten, sie flüchten sich ins Dorf. Dort machen sich alle, denen sie die Geschichte ihrer geheimnisvollen Begegnung anvertrauen, über sie lustig…

* * *

Das ist der staunenswerte, der unwahrscheinliche Beginn einer Geschichte, die sich im Lauf der folgenden Jahre auf der ganzen Welt verbreiten sollte. Eine Geschichte mit unerhörten Rückwirkungen. Eine prophetische Geschichte, ein gewaltiges Friedenszeichen mitten in einem Land, das von langwierigen, blutigen Auseinandersetzungen zerrissen werden sollte, die es zehn Jahre später fast täglich aufbrechen lassen würde…

3. Juni, der Tag danach

Am folgenden Tag gegen 6 Uhr nachmittags halten Ivanka, Mirjana und Vicka es nicht mehr aus. Wie magnetisch werden sie von dem Hügel angezogen. Zwei ratlose, aber nicht ungläubige Erwachsene gehen mit. Milka, die kleine Hirtin, ist bei der Feldarbeit. Ihre Schwester dagegen, die sechzehnjährige Marija — das vorletzte von sechs Kindern —, brennt darauf, die strahlende Dame mit ihrem Kindchen zu sehen, wenn das alles nicht ein Hirngespinst ist. Sie bittet ihre Freundin Vicka: «Wenn du sie siehst, hole mich!»

Die drei Jugendlichen machen sich auf zum Podbro, eine Anhöhe, deren Name «Weg unten am Hügel» bedeutet. Wenn sie nun wiederkäme? Und da ist die wunderbare Vision aufs neue, an der selben Stelle und mit demselben Aussehen. Im Überschwang von Glück und Ergriffenheit rennt Vicka zurück ins Dorf, um Marija zu holen. «Sie ist da», ruft sie atemlos. Marija eilt neben Vicka her. Und hinter Marija läuft ein kleiner Junge von zehn Jahren, Jakov Colo.

Alle diese jungen Leute sehen die Erscheinung: ein blendend schönes junges Mädchen, diesmal ohne Kind. Es winkt sie näher zu sich heran.

Ivanka, Mirjana und Vicka stürmen über Gestrüpp und Geröll den rauhen Berg hinauf: «Wir liefen, als würden wir getragen... Niemand hätte schneller sein können.»

Marija und Jakov sind hinter ihnen zurückgeblieben. Der kleine Junge fällt in die Dornen.

Da stehen sie vor der lichten, unbeschreiblich schönen Frau. Schimmernd silbergraues Kleid, weißer Schleier, unter dem schönes schwarzes Haar hervorkommt. Die blauen Augen blicken unendlich zärtlich. Sie steht 30 cm über dem Boden, eine kleine Wolke umgibt die Füße. Ihr ganzes Wesen strömt Liebe aus. Ein Gefühl von köstlicher Süßigkeit durchdringt die Herzen... Ganz von selbst sprechen die Jugendlichen das Gebet, das Jesus Christus gelehrt hat. Und mit ihnen betet die schöne Dame das «Vaterunser».

Marija kommt als erste auf das nächstliegende zu sprechen:

– Gib uns ein Zeichen, sonst wird man uns für verrückt erklären.

Die Dame antwortet nicht.

– Kommst du wieder?

Sie nickt zustimmend. Es folgt eine längere Zeit in stiller Betrachtung. Dann ein sehr sanftes:

– *Auf Wiedersehen, meine Engel!*

Und die Erscheinung verblaßt…

Noch ganz benommen, kehren die Jugendlichen zur irdischen Wirklichkeit zurück. Der kleine Jakov murmelt die erstaunlichen Worte: «Also, jetzt, wo ich sie gesehen habe, wird es mir nicht leid tun zu sterben.»

Ivanka weint vor lauter Glück. Ihre Mutter ist im Mai gestorben. Die Dame hat ihr anvertraut, daß sie im Paradies sei…

Auf dem Berg sind auch zwölf Jungen, unter ihnen Ivan Dragicevic, der am Abend zuvor die Kartoffeln hatte fallen lassen. Auch er sieht die wunderbare Erscheinung. Dieses Vorrecht genießt er als einziger von den zwölf.

4. Der dritte Tag

Freitag, der 26. Juni 1981. Die Neuigkeit von den seltsamen Ereignissen auf dem Berg Crnica in Bijakovici hat sich wie ein Lauffeuer verbreitet. Nichts in der Welt hätte die sechs Seher aufhalten können. Gegen 6 Uhr nachmittags kommen sie am Berg an, zur Stunde, in der ihnen die Dame an den beiden vergangenen Tagen erschienen war. Nanu! Es sind schon etwa tausend Leute dort. «Da ist sie!» rufen die sechs Kinder aus. Sie sind entschlossen, diese dritte Begegnung zur Stunde der Wahrheit zu machen. Vicka hat eine Flasche mit Weihwasser bei sich. Damit besprengt sie die Dame:

– Wenn du die Gospa bist, bleib bei uns. Wenn nicht, dann geh!

Die schöne Dame zeigt flüchtig ein wunderbares Lächeln... In ihrer spontanen, direkten Wesensart sagte Vicka nach der Erscheinung: «Ich bin ganz nah herangegangen und habe nicht mit Weihwasser gespart!»

Sie beginnen lange zu beten. Erst den Rosenkranz, dann das berühmte Gebet, das die katholischen Kroaten in der vierhundertjährigen muslimischen Besatzungszeit gesprochen haben: sieben Vaterunser, Gegrüßet seist du Maria... und Ehre sei dem Vater... Die Dame fordert sie auf, das Glaubensbekenntnis hinzuzufügen.

Dann entspinnt sich zwischen den Jugendlichen und der Gospa ein überraschendes Gespräch, an dessen Ende sie ihnen sagt, wer sie ist.

– Warum bist du hergekommen? Was willst du von uns? Wir sind nicht besser als die anderen, sagt Vicka, die sich ganz selbstverständlich zur Sprecherin der Gruppe macht.

– Weil es hier gute Gläubige gibt. Und außerdem, damit ihr euch bekehrt und in diesem Volk Frieden haltet.

Einfache, den Jugendlichen verständliche Worte. Wenn die Erscheinung den Frieden betont, bezieht sie sich gewiß auf die ernsten Spannungen, die früher in dem Dorf Medjugorje geherrscht hatten. Bijakovici war lange mit den anderen Ortsteilen zerfallen. 1940 hat man sich sogar mit Schüssen bekämpft. Es gab drei Tote. Aufgrund dieses gespannten Verhältnisses ist die Kirche von Medjugorje auf der Grenze zwischen den vier Ortsteilen erbaut worden, um keine Mißgunst entstehen zu lassen. Dank dieses Umstands liegt die Kirche geradezu ideal, mit dem weiten Raum um sie herum und angesichts des Bergs Krizevac. Sie wurde 1937 begonnen, aber erst 1969 fertiggestellt.

Doch bezieht sich diese erste, vom Frieden geprägte Botschaft nicht auf die blutigen, unendlich schmerzvollen Ereignisse, unter denen das kroatische Volk zehn Jahre später zu leiden haben würde? Und zweifellos auch auf den Frieden in der Welt von dem Zeitpunkt an, da die Botschaft von Medjugorje weltweit verbreitet und Maria sich als die Königin des Friedens vorstellen würde.

Jemand in der Menge ruft:

– Bitte sie um ein Zeichen!

Die Dame antwortet mit einem Vers aus dem Evangelium:

– *Selig, die nicht sehen und doch glauben!* (Joh 20,29).

Die Jugendlichen fragen sie nach Dingen, die sie beschäftigen. Mirjana hatte einen Großvater, den sie sehr liebt, und der nun verstorben ist. Wo ist er jetzt?

– *Es geht ihm gut,* hört sie zu ihrer größten Erleichterung.

Ivanka ist wegen ihrer Mutter besorgt:

– Hat sie dir eine Botschaft für mich aufgetragen?

– *Ja*, erwidert die Dame, *du sollst nett zu deiner Großmutter sein.*

Dann die wichtigste Frage, gestellt von Mirjana:

– Wer bist du?

– *Ich bin die selige Jungfrau Maria.*

Sie hatten es schon geahnt. Nun sind sie gewiß. Tief in den Herzen erwacht überströmende Freude.

– Kommst du noch einmal wieder?

Die Kinder haben den Eindruck, als bejahe die Mutter Jesu das. Bevor sie verschwindet, grüßt sie sie mit einem Wort, das die biblische Botschaft zusammenfaßt:

– *Geht im Frieden Gottes.*

Auf dem Rückweg sieht Marija die heilige Jungfrau wieder, die ein Kreuz in der Hand hält. Weinend sagt sie:

– *Friede, Friede, nur Friede! Friede mit Gott und unter euch!*[1]

Zusammen mit den Sehern geht die Menge den Berg wieder hinab. In den Seelen starke, aber verhaltene Erschütterung.

Medjugorje betritt die Geschichte…

5. In der Hand der Polizei

Zunächst einmal die unmittelbare Geschichte. Jugoslawien ist ein kommunistisches Land. Tito ist im Jahr zuvor gestorben. Unter seiner langen Herrschaft war das Land genaugenommen kein stalinistischer Staat, wenn auch Marx und Lenin seine Vordenker waren. Alles was mit Religion zusammenhängt, wird als «Opium des Volkes» angesehen. Marschall Titos Nachfolger bewahren das Land im rechtgläubigen kollektivistischen und totalitären Geist.

Vor diesem politischen Hintergrund kommt es nun zu den Erscheinungen von Medjugorje. Durch seine kroatische katholische Bevölkerung ist das Dorf in den Augen

---

1 Diese Tränen und die prophetischen Worte der Jungfrau Maria sollten erst beim Ausbruch des Krieges zehn Jahre später wirklich verstanden werden.

der politischen Polizei auf alle Fälle verdächtig. Wenn diese ganze Geschichte mit den Sehern nun nichts als ein von den Ustasche veranstalteter Schachzug wäre? Von den sich hauptsächlich aus Kroaten zusammensetzenden Ustasche, die mit den Nazis zusammengearbeitet hatten, war ein von 1941 bis 1945 bestehender, unabhängiger Staat gegründet worden; sie hatten sich fürchterlicher Massenmorde unter den serbischen Minderheiten in Kroatien schuldig gemacht.

In diesen letzten Tagen des Juni 1981 hat die Polizei den Verdacht, daß die Ustasche unter dem Vorwand von Erscheinungen einen Schlag vorbereiteten. Milizsoldaten mischen sich in Zivil unter die neuen Pilgerscharen zum Berg Crnica.

Am Samstag, dem 27. Juni, beginnt die Polizei zu handeln. Am Nachmittag erreichen zwei Wagen Bijakovici mit Höchstgeschwindigkeit und nehmen die sechs Seher mit.

Sie kommen nach Citluk, zu einem handfesten Verhör. Ein Offizier richtet seinen Revolver auf Vickas Brust. Von ihrer Natur her und aus Gnade macht diese die bedrohliche Geste lächerlich: «Du weißt genau, daß die Regierung Einschränkungen macht. Steck das Ding weg!» Der Polizist ist von so viel Kühnheit entwaffnet und lächelt.

Sie werden zu einer medizinischen und psychiatrischen Untersuchung gebracht. Die blendende körperliche und geistige Gesundheit dieser Jugendlichen veranlaßt Dr. Ante Vujevic, sie für geistig gesund zu erklären.

Die Gruppe verläßt die Poliklinik gegen 6 Uhr. Sie haben nur das eine im Sinn: das Treffen mit der Jungfrau

Maria. Sie rufen ein Taxi herbei: «Schnell nach Bijakovici!» Ivan fährt mit einem Familienmitglied hin.

Sie kommen am Berg an. Er ist schon schwarz von Leuten. Ivanka, Mirjana, Marija und Jakov eilen zu den Erscheinungsstätten mit einer Geschwindigkeit, die alle, die ihnen zu folgen versuchen, verblüfft, darunter auch zwei Franziskaner in Zivil.

Die Gospa ist da, strahlend vor Schönheit. Die beiden Franziskaner haben eine Frage vorgeschlagen, die von Jakov gestellt wird:

– Was erwartest du von unseren Franziskanern?

– Daß sie im Glauben beharrlich sind und den Glauben des Volkes beschützen.

Die Franziskaner sind dem Herzen der Kroaten von Bosnien-Herzegowina teuer. Tatsächlich sind sie ihm innigst verbunden. Denn sie waren es, die den christlichen Glauben während der muslimischen Herrschaft aufrechterhalten haben. Diese geschichtliche Tatsache hat dann indirekt zu dem schweren Zerwürfnis zwischen der Pfarrei von Medjugorje und dem Bischof von Mostar geführt.

Mirjana und Jakov sorgen sich darum, was die Leute sagen werden.

– Laß uns ein Zeichen da, bitten sie die Gospa, sonst wird man sagen, wir seien Lügner oder drogensüchtig.

Marias Antwort gründet sich auf den Glauben, und nur auf ihn:

– Meine Engel, fürchtet euch nicht vor Ungerechtigkeit. Sie war schon immer da.

Ivan, der sich verspätet hat, trifft die anderen Seher, als diese bereits auf dem Rückweg sind. Doch etwas treibt ihn unwiderstehlich zu dem Berg, so geht er trotzdem hin. Er sieht die heilige Jungfrau...

Und sie werden sie noch lange wiedersehen...

Beim Abschied sagt sie:

– *Auf Wiedersehen, meine Engel. Geht im Frieden Gottes.*

6. Ein ratloser Priester

An diesem selben Samstag, dem 27. Juni, kommt Pater Jozo Zovko von Zagreb zurück, wo er bei den Franziskanerinnen Exerzitien gehalten hat. Seit acht Monaten ist er der Pfarrer von Medjugorje. Die Pfarrei gefällt ihm nicht. Der Glaube dort ist rein soziologisch. Wenig Kommunionen. Kein Familiengebet mehr.

Als er in Mostar eintrifft, fragt ihn eine Frau aus der Gemeinde nach den Erscheinungen. Pater Jozo hält sie für verrückt. In Medjugorje staunt der Pfarrer: Das Dorf ist von Autos überschwemmt. Nachdem er aufgeklärt worden ist, hat er die Droge im Verdacht. Oder einen Anschlag der Kommunisten. Er läßt die Seher kommen. Noch ein Verhör an diesem Tag — nach der Polizei, der Pfarrer! Zwar diesmal ohne Revolver, aber mit fast ebenso großem Mißtrauen.

Dennoch will er wissen, woran er ist. Er geht mit der Menge auf den Crnica. Allerdings in Zivil. Er will nicht, daß dieses Hirngespinst durch die Kutte gestützt wird. Er nimmt den Fotoapparat und ein Tonband mit...

Die Predigt am nächsten Tag gibt sein Mißtrauen wieder: «Die Kirche braucht wirklich keine Erscheinungen. Der Glaube, die Sakramente, das ist das Wesentliche! Hat Christus nicht außerdem gesagt, es werde falsche Propheten geben?» Am Ende der Messe warnt er seine treusten Gemeindeglieder. Dann unterzieht er die Seher einem neuen Verhör. Er richtet seine Fragen vor allem an Mirjana, die aus Sarajewo stammt. Sie macht in Medjugorje Ferien. Er vermutet nichts Gutes. Im übrigen kennt er die Familien der Seher kaum, er ist ja erst seit wenigen Monaten am Ort. Könnte das nicht eine Falle sein, die man ihm stellt? Ein heimtückischer Streich zur Demütigung der Kirche?

7. Die Erscheinung am ersten Sonntag, dem 28. Juni 1981

Am Vormittag beginnen die Leute in Bijakovici zusammenzuströmen. Am Nachmittag ist der ganze Berg schwarz von Menschen. Die Menge wird auf etwa fünfzehntausend Personen aus allen Himmelsrichtungen geschätzt. Mühsam bahnen die Seher sich einen Weg durch die Menschenmassen. Glücklicherweise sind die Erscheinungsstätten abgesperrt worden.

Es ist 6.30 Uhr. Eine wohltuende Brise mildert die Hitze. Plötzlich geht ein Murmeln durch die Menge: «Sie ist da!» Seit Stunden sind gleich einem Morgennebel die Gebete aus diesen Tausenden von zusammengedrängten Menschen aufgestiegen. In Gegenwart der Jungfrau Maria kommen in den bevorzugten Kindern die folgenden Fragen auf:

– Liebe Gospa, was erwartest du von uns?

– *Daß das Volk glaubt und im Glauben beharrlich ist.*

– Was verlangst du von den Priestern? fragt Vicka.

– *Daß sie im Glauben fest sind und euch helfen.*

– Warum erscheinst du nicht allen Leuten in der Kirche?

– *Selig, die nicht sehen und doch glauben.*

– Kommst du wieder?

– *Ja, an dieselbe Stelle.*

Seit dem Morgen betet und singt die Menge:

– Was findest du besser, beten oder singen?

– *Beides. Betet und singt.*

– Was willst du von all den Leuten hier?

Maria antwortet mit einem Lächeln. Ihr Blick füllt sich mit unaussprechlicher Liebe. Dann verschwindet sie.

Die Menge stimmt das Lied an, mit dem die Kroaten ihre Marienverehrung ausdrücken: «Du bist so schön.» Die heilige Jungfrau erscheint wieder. Vicka:

– Was willst du von diesem Volk?

Dreimal wiederholt die Seherin die Frage. Schließlich antwortet Maria:

– *Daß die, die nicht sehen, genauso glauben wie die, die sehen.*

Schon seit zweitausend Jahren betont ihr Sohn den Glauben. Erst dann kann Gott die Seele erfassen und nach seinem Sinn formen.

Nochmals bittet Vicka um ein Zeichen. Die einzige Antwort ist ein Lächeln.

– *Geht im Frieden Gottes,* sagt die Gospa und entschwindet den Blicken der staunenden Kinder.

An diesem Sonntagabend treten in dem, was Maria den Kindern gesagt hat, drei Worte besonders hervor, wie bei einer Mutter, die ganz einfach mit ihren Kindern spricht: Glaube, Versöhnung, Friede. Vor allem Glaube. Er schafft im Innersten des Wesens die Verbindung mit Gott. Ohne ihn ist es unmöglich, sein Leben auf den Frieden zu gründen. Nur Christus gibt den wahren Frieden. Er ist die einzige Quelle des Friedens. *«Frieden hinterlasse ich euch. Meinen Frieden gebe ich euch»* (Joh 14,27). Er IST der Friede selbst, denn er ist zugleich dessen Urheber und Anfang.[2]

8. Im Psychiatrischen Krankenhaus

Für die atheistische Ortsbehörde können diese Erscheinungsgeschichten nur von einer Geistesverwirrung herrühren. Am Montagmorgen sehen die Einwohner des Dorfes der Seher einen Krankenwagen gefolgt von einem Personenwagen ankommen. Der Krankenwagen nimmt die sechs Kinder mit. In dem Personenwagen drängen sich ihre Eltern zusammen. Eine Stunde später erreichen sie das Psychiatrische Krankenhaus von Mostar. Sie werden aufgefordert, in einem Flur zu warten. Von dort aus können die Kinder grimassierenden Verrückten beim Spaziergang im Hof zusehen. Auf der anderen Seite öffnet der Flur sich zur Leichenhalle, die einen stechenden Geruch ausströmt. In

2 Siehe Joh 14,27 und *Lumen gentium*, die dogmatische Konstitution über die Kirche, Vaticanum II, Kapitel II.

den aufgeschreckten Kinder kommen düstere Gedanken hoch. Nur Vicka tritt dem Los, das ihnen anscheinend droht, mit Verachtung entgegen: «Wovor sollte ich mich denn fürchten? Alle müssen sterben.»

Sie werden von einer Psychiaterin untersucht. Sie versucht sie zu überzeugen, das alles sei bloß Schauspielerei und Betrug. Vergebens. Nachmittags um 2 Uhr werden sie entlassen.

Um 6 Uhr kommen sie wieder auf dem Berg an, der von einer unermeßlichen Menschenmenge bedeckt ist. Mit unerhörter Inbrunst steigen Gesänge und Gebete zum Himmel.

Um 6.26 Uhr knien die Kinder plötzlich nieder. Vor ihren staunenden Augen steht die Gottesmutter.

– Liebe Gospa, bist du glücklich, so viele Menschen zu sehen?

– *Sehr glücklich*, erwidert sie lächelnd.

– Wie lange bleibst du bei uns?

– *So lange ihr wollt, meine Engel.*

– Was erwartest du von all denen, die trotz der Dornen und der Hitze hierher gekommen sind?

– *Es gibt nur einen Gott und einen einzigen Glauben. Das Volk glaube fest und fürchte nichts.*

– Was erwartest du von uns?

– *Daß ihr einen unerschütterlichen Glauben habt und Vertrauen bewahrt.*

– Können wir die Verfolgungen ertragen, die deinetwegen auf uns zukommen?

– *Das könnt ihr, meine Engel, habt keine Angst. Ihr werdet alles ertragen. Glaubt, und vertraut auf mich.*

Ein Vater trägt auf dem Arm sein Kind, das seit dem vierten Lebenstag behindert ist; Damir Setka ist nun drei Jahre alt. Er kann nicht laufen, ohne hinzufallen, und spricht nicht. Der Vater dringt auf die Seher ein:

– Bittet die Gospa, daß sie ihn heilt!

Da flehen sie zur Jungfrau Maria:

– Liebe Gospa, wird Damir eines Tages sprechen? Heile ihn, damit sie uns alle glauben! Diese Leute lieben dich so sehr. Tu ein Wunder!

Alle diese Worte werden von Gro Kosina auf Tonband aufgenommen. Nur die Fragen sind zu hören. Allein die Seher vernehmen die Antworten, nur sie sehen die Gospa. So geben sie die Antwort der heiligen Jungfrau auf ihr Flehen wieder; sie ist ermutigend:

– Sie sollen fest an seine Heilung glauben. Geht im Frieden Gottes.

Die heilige Jungfrau ist fort. Der Zustand des Kindes bessert sich zunehmend. Es wird nach Medjugorje zurückkehren und laufen und sprechen können...

Der Pfarrer zweifelt nun weniger: «Ich bete jeden Tag. Ich frage die Jugendlichen aus... Ich achte sie in ihren Überzeugungen und ihrer Freiheit, ebenso wie die Freiheit Gottes.»

9. Die Verfolgung

Trotz der Quälereien durch die Polizei konnten sich die Erscheinungen bis dahin in Freiheit abspielen. Die Menge wächst mit jedem Tag. Der Berg Crnica ist innerhalb einer Woche zu einer Pilgerstätte geworden, die für den lebhaften Glauben der Kroaten spricht. Es sind jedoch auch Orthodoxe und Muslime unter den Leuten.

Die Lage wird für die Machthaber unhaltbar. Am 30. Juni wird der Pfarrer nach Citluk vorgeladen. Er erfährt, daß der Obrigkeit in Belgrad und Sarajewo die Ereignisse in Medjugorje äußerst lästig sind. Versammlungsverbot auf dem Berg. Das ist keine Kultstätte. Man soll sich in der Kirche versammeln!

Am selben Tag täuschen zwei junge Frauen im Auftrag der Polizei einen Ausflug vor, um die Seher, außer Ivan, zur Stunde der Erscheinung von Bijakovici fernzuhalten. Sie sind gerade in Sichtweite von Medjugorje, als die Gospa sich in einem Ausbruch von Licht kundtut. Die beiden Spitzel sehen das Licht und fühlen sich lebhaft davon ergriffen.

Für die Kinder ist der Berg engstens mit der Erscheinung verknüpft. Sie fragen die heilige Jungfrau, ob sie sich über ihre Verhinderung ärgere. Sie beruhigt sie aber und geht auf ihre Bitte ein, sich künftig in der Kirche zu versammeln.

Im Pfarrhaus unterzieht Pater Jozo sie erneut einem Verhör, das auf Tonband aufgenommen wird. Sie kommen gegen 23 Uhr nach Hause und erfahren, daß Marinko Ivankovic, ein Nachbar, der sie von Anfang an begleitet und beschützt hat, zur Polizei vorgeladen und geschlagen worden sei. Er wird für den Anführer dieser ganzen Geschichte gehalten. Mutig machen sich die Seher nochmals auf zum Sitz der Miliz: «Wenn jemand festgenommen werden muß, dann wir. Marinko hat mit der ganzen Sache nichts zu tun.» Um 2 Uhr nachts kommen sie heim. Marinko ist wieder freigelassen worden.

In den folgenden Tagen sind die Behörden hartnäckig hinter den Sehern her. Diese sind von den Verhören und Angriffen sowie dem Ansturm der Menschenmenge erschöpft. Aber sie halten tapfer durch. Sie werden von der überwiegenden Zahl der Dorfbevölkerung unterstützt.

Eine tiefgreifende Umkehr hat begonnen. Die Pfarrei, die allmählich in religiöse Gleichgültigkeit verfallen war, erfährt eine fortschreitende innere Erneuerung, die erstaunlich ist. Eine erste Frucht der Gegenwart Mariens. Was die Seher angeht, so überrascht ihre Veränderung innerhalb von wenigen Tagen. Bis zum 24. Juni 1981 waren sie Jugendliche wie alle anderen, weder besser noch schlechter. Jetzt aber, Anfang Juli, sind sie neue Wesen, ganz auf das tägliche Stelldichein mit dem Himmel ausgerichtet und bereits Träger des Lichtes, von dem sie jeden Tag für einige Augenblicke überflutet werden und das sie innerlich erleuchtet. Ist diese Verwandlung einer Gruppe von Jugendlichen nicht ein beredtes Zeugnis für die Echtheit der Erscheinungen?

Und das ist kein Strohfeuer. Zehn Jahre später besteht noch dieselbe Verwandlung und geht immer tiefer. Die Jugendlichen von 1981 sind heute erwachsen und beweisen alle großen Glaubenseifer. Ihre Worte sind, was die Lehraussagen betrifft, von einer für dieses Alter außergewöhnlichen Sicherheit. Ein Wunder der Erziehung durch Maria!

10. Zeichen am Himmel

Am Freitag, dem 3. Juli, betet Pater Jozo in seiner Kirche. Er fleht den Herrn an, ihn über die seltsamen Ereignisse aufzuklären, die seine Gemeinde erschüttern. Plötzlich hört er eine Stimme: «Geh hinaus und beschütze die Kinder!» An der Haustür sieht er, wie die Seher ganz außer Atem auf ihn zulaufen. Sie waren vor der Ankunft der Polizei gewarnt worden. Sofort sind sie durch die Weinberge zu Kirche gelaufen. Als sie dort ankommen, weinen sie verängstigt.

– Verstecke uns, die Polizei verfolgt uns! rufen sie dem Pfarrer mit flehentlichen Blicken zu.

Pater Jozo bringt sie im Pfarrhaus in Sicherheit. Nun kommen die Polizisten an:

– Hast du die Seher gesehen? fragen sie den Pfarrer.

– Ja, dort, und er weist dahin, wo er sie gerade gesehen hat...

Wie am Tag zuvor erscheint die heilige Jungfrau ihnen auch heute im Pfarrhaus. Sie tröstet sie und betet mit ihnen.

Auch der Priester ist seltsam verwandelt. Er erkennt seine Gemeinde nicht wieder. Marias Heimsuchungen und die Gegnerschaft bringen die Gläubigen innerlich in Bewegung. Es wird wieder eifrig gebetet. Der Rosenkranz taucht wieder auf. Es wird gebeichtet. Die Kommunionen werden immer zahlreicher...

Der 4. Juli ist der Tag des Kämpfers in Jugoslawien. Bei den öffentlichen Feiern kommen Hunderttausende von Regierungsanhängern in Tjentiste zusammen. Branko Mikulic, einer der Parteivorsitzenden, spricht auf seine

Weise über die Ereignisse von Medjugorje: «Die kirchlichen Nationalisten haben die Gospa erfunden. Sie wollen die ungebildeten Leute damit erschrecken und für dumm verkaufen. Sie wiegeln sie gegen die Interessen unserer Völker und der jugoslawischen Nation auf.»

Es folgt eine bewegte Zeit. Die Erscheinungen spielen sich im Pfarrhaus ab sowie zu Hause bei den Sehern, bei Marinko, im Freien oder auch in der Kirche. Sogar manchmal nachts auf dem Berg.

Pater Jozo, der von der Lauheit seiner Pfarrangehörigen so enttäuscht gewesen war, sieht die Dinge und die Menschen mit neuen Augen an. Dieser sehr fromme franziskanische Priester sammelt die wunderbaren, unerwarteten Früchte mit vollen Händen ein. Eines Tages in diesem Monat Juli stimmt er plötzlich während des Rosenkranzes das Lied an, das die Pfarrangehörigen zur Begrüßung der Gospa zu singen pflegen, wenn sie erscheint: «Du bist so schön, o Maria!» Später gestand er, daß auch er in diesem bestimmten Augenblick die Jungfrau Maria vor sich auf der Empore habe erscheinen sehen.

Die kommunistische Presse geht wütend auf Medjugorje los. Die Zeitungen bringen Karikaturen eines am Himmel erscheinenden Ustascha mit einem Messer zwischen den Zähnen. Am 25. Juli besucht Msgr. Zanic, der Bischof von Mostar, in dessen Abhängigkeit Medjugorje steht, das Dorf der Erscheinungen. Mutig verteidigt er die Seher: «Sie sind zu sechst, einfach, ohne Doppelzüngigkeit. Niemand hat sie beeinflußt. Sie lügen nicht. Davon bin ich überzeugt. Was sie sagen, kommt aus tiefstem Herzen. Ist das etwas Persönliches oder etwas Übernatürliches? Das ist schwer zu sagen. Sicher ist, daß sie nicht lügen.» In dieser ersten Zeit sollte der Bischof noch fünfmal nach Medjugorje kommen. Am 2. August veröffentlicht er einen Bericht, der entschieden für die Aufrichtigkeit der Seher eintritt. Er erklärt die Stellung der Kirche inbezug auf Erscheinungen und Wunder. Die kommunistische Presse legt aufs neue los. Sie bezichtigt den Bischof und den Pfarrer, sie «bedrohten die Errungenschaften der Revolution und der sozialistischen Arbeiterselbstverwaltung».

Am 2. August sieht die unermeßliche Menschenmenge die Sonne am Himmel tanzen, wie in Fatima. Am 6. August erscheint am blauen Himmel das Wort MIR — Friede — über dem 520 m hohen Krizevac, der von einem riesigen Kreuz überragt wird. Dieses ist 1933 anläßlich des Gedenktages des Opfers Jesu auf dem Golgotha vor zweitausend Jahren errichtet worden. Bis dahin wurde diese anmutige Erhebung über Medjugorje Sipovac genannt, seither heißt sie Krizevac, Kreuzberg.

11. Pater Jozo im Gefängnis

Am 17. August dringt die Polizei ins Pfarrhaus ein. Sie beschlagnahmt die Kollekte und die Unterlagen, darunter ein Polaroid-Foto vom 6. August, das das Wort MIR am Himmel wiedergibt. Sie nehmen Pater Jozo mit. Der Vorwand: Er hat in einer Predigt von dem vierzigjährigen Durchzug durch die Wüste gesprochen. Gemeint war der von Mose und dem Volk Israel. Die Polizeibeamten, die die Predigt aufgezeichnet haben, beziehen diese vierzig

Jahre dagegen auf die Regierung von Tito. Pater Jozo ist ein Umstürzler. Er wird ins Gefängnis von Mostar gebracht, vor Gericht gestellt und zu dreieinhalb Jahren Kerker verurteilt. Dort hat dieser Sohn des heiligen Franz von Assisi mehrmals die unsägliche Freude, die Jungfrau Maria erscheinen zu sehen.

Italien kommt in Bewegung, denn die Nachricht von den Erscheinungen in Jugoslawien verbreitet sich im Ausland. Der Präsident der jugoslawischen Republik erhält Zehntausende von Protestschreiben. Pater Jozo wird am 17. Februar 1983 freigelassen. Achtzehn Monate hat er im Gefängnis verbracht. Er kehrt, auf Anordnung des Bischofs, nicht in seine Gemeinde zurück. Dieser hatte sich in einem Brief an den Präsidenten der Republik gegen die von der Presse über ihn und den Pfarrer von Medjugorje verbreiteten Verleumdungen erklärt.

Nach Pater Jozos Verhaftung wird Pater Tomislaw zum Substituten des Pfarrers ernannt. Dreieinhalb Jahre sollte er die Seelsorge in der Gemeinde und die geistliche Führung der Seher innehaben.

12. Fünf Waffen für einen großen Kampf

Der Beginn des Schuljahres im September führt die Seher auseinander. Ivanka kehrt auf das Gymnasium nach Mostar zurück. Mirjana geht wieder nach Sarajewo, wo sie Agrarwissenschaft studiert. Marija fängt eine Ausbildung zur Friseuse an der Berufsbildenden Schule von Mostar an. Was Ivan angeht, einen ernsthaften, scheuen Jugendlichen, so hat er im Herzen den Ruf zum Priestertum empfangen. Er geht ans Franziskanische Seminar in Visoko.[3]

Nur Vicka und Jakov bleiben in Medjugorje zurück. Ihnen werden weiterhin täglich Erscheinungen zuteil. Am Wochenende kommen die anderen, außer Mirjana, wieder mit ihnen zusammen.

Das Zwiegespräch zwischen dem Himmel und der Erde geht weiter. Geduldig hat die Mutter Christi es unternommen, die Sehergruppe zu erziehen. Daraus erklärt sich die ungewöhnliche Dauer der Erscheinungen. Maria wiederholt den Sehern dieselben einfachen Sätze. Maria macht sich zur Erzieherin der jungen Seher von Medjugorje, wie eine Mutter bei ihren Kindern. Nur wer nichts von Erziehung versteht, könnte sich an der Einfachheit der Worte stoßen, an den häufigen Wiederholungen und der Dauer der Erscheinungen.

Vor allem lädt die Jungfrau Maria unermüdlich zum Gebet ein. Sicher zum persönlichen Bittgebet, aber besonders zu einem Gebet, das die Welt und das geheimnisvolle Drama des menschliches Daseins umfaßt. *«Es wird ein großer Kampf entbrennen. Ein Kampf zwischen meinem Sohn und dem Satan. Der Einsatz sind die Menschenseelen»*, wird Marija am 2. August 1981 von der Jungfrau Maria anvertraut.

---

3 Ivan ist nicht sehr zum Studium geeignet und gibt es nach zwei vergeblichen Anläufen wieder auf. Im Augenblick liegt seine Aufgabe im Dienst an den Erscheinungen in Medjugorje. Er empfängt und stärkt dort die Pilger. Er nimmt die Einladungen aus dem Ausland an. So wurde er 1991 vom Kongreß der USA und im Weißen Haus in Washington empfangen. Seitdem haben ihn seine Reisen in viele Länder geführt, wo er Zeugnis von seinen Visionen und vor allem von seinem Glauben gibt. 1994 hat er eine Amerikanerin geheiratet.

Die räumliche Entfernung zwischen den Sehern, aber auch die Erfordernisse der Erziehung, die stets etwas Persönliches ist, veranlassen die Gottesmutter, ihre Botschaften und Handlungen mit bewundernswertem erzieherischem Geschick jedem Seher im einzelnen anzupassen. Die sozusagen im Untergrund verlaufende Zeit nach Pater Jozos Gefangennahme bietet dafür ein schönes Beispiel. Wie alle in der Gemeinde, sind die Kinder über das Schicksal ihres Pfarrers beunruhigt. Die Gospa beruhigt sie: *«Habt keine Angst. Ich wünsche, daß ihr froh seid und daß diese Freude an euren Gesichtern abzulesen ist. Ich werde Pater Jozo beschützen»* (17.8.1981). *«Pater Jozo hat nichts zu befürchten. Das alles geht vorbei»*, bestätigt sie fünf Tage später. *«Meine Kinder, ich gebe euch Kraft. Ich werde sie euch immer geben»*, versichert sie am 23. August. Am selben Tag gibt sie ihnen die überaus beruhigende Anweisung: *«Wenn ihr mich braucht, dann ruft mich.»*

Vom August an taucht in den Botschaften etwas auf, das dann oft wiederholt werden sollte und was unserer menschlichen Natur widerstrebt: die Buße, und zwar in der besonderen Form des Nahrungsverzichts. Medjugorje sollte zum Ausgangspunkt der Erneuerung in der Kirche werden im Hinblick auf die biblische Askese des Fastens, die außer Gebrauch gekommen war. Die Losung *«Betet und fastet!»* sollte in den drei folgenden Jahren noch mehrere Dutzendmal erklingen.

Von August an stehen auch die großen Achsen der Botschaften, die die Jungfrau Maria gibt: der GLAUBE, der alles möglich macht, auch Heilung; das GEBET, die Atmung der Seele, ohne den diese unter der Last der harten Wirklichkeit und der Unglücke des Lebens ersticken würde; der FRIEDE, der Vergebung und Versöhnung verlangt; das FASTEN, eine Bußübung, die in den wichtigsten Augenblicken der Heilsgeschichte eine entscheidende Rolle gespielt hat.[4] Schließlich, als Krönung des Ganzen, der innere Schritt, der die Seele für die Strahlen der Gnade öffnet wie die in der Sonne aufblühende Blume, ein Schritt, der immer wieder neu getan werden muß: die UMKEHR.

Fünf unschlagbare Waffen in dem «großen Kampf», von dem die Jungfrau Maria spricht.

13. Eine schmerzliche Auseinandersetzung

Msgr. Zanic, der Ortsbischof, hatte für den Pfarrer von Medjugorje und die Seher mutig Partei ergriffen. Zwar äußerte er sich nicht über die Echtheit der Erscheinungen — was kein Bischof ohne vorherige gründliche Untersuchung tun kann —, doch verbürgte er sich wenigstens für die Aufrichtigkeit der Seher und dafür, daß kein Betrug vorliegt. Das läuft beinahe auf eine stille Anerkennung heraus.

Sechs Monate später ist Msgr. Zanic jedoch ein erbitterter Gegner Medjugorjes und der Seher. Was ist denn geschehen?

---

4 Es handelt sich um die drei großen biblischen Fasten von Mose, Elia und das Fasten Jesu vor Beginn seines öffentlichen Lebens.

Eine alte Geschichte! Während der grausamen türkischen Besatzung von Bosnien-Herzegowina — von 1482 bis 1881, vierhundert lange Jahre — war den Franziskanern die Rolle als Seelenhirten der hauptsächlich aus Kroaten bestehenden katholischen Gemeinden anvertraut. Im Lauf von fünfzehn Generationen entstanden dabei unauflösliche Bande zwischen den Söhnen des heiligen Franz von Assisi und einer Bevölkerung, für die Katholizismus und Nationalgefühl ein und dasselbe waren. Der Franziskanerorden und die Kirche, das war in den Augen der Kroaten wie Vater und Mutter der Familie und in den Herzen der Kinder untrennbar verbunden.

Doch bereits vor dem Krieg tauchen Weltpriester neben den franziskanischen Gemeindepfarrern auf. Die letzteren mußten nach und nach durch Diözesanpriester ersetzt werden, deren Zahl wuchs. Aber man hatte nicht mit dem Widerstand der Gemeindemitglieder gerechnet, obwohl der Franziskanerorden zuweilen zur Ordnung, zum Gehorsam gegenüber dem Bischof aufrief. Man ging sogar so weit, daß die Kirchentüren zugemauert wurden. Man wechselt doch nicht die Eltern…

Als die Erscheinungen beginnen, ist die Lage schon seit vierzig Jahren festgefahren. Msgr. Zanic, der am 14. September 1980 geweiht wird, ist entschlossen, den Knoten mit einem Schlag durchzuhauen. Er hat dabei die Unterstützung von Rom. Noch am Tag seiner Amtseinführung entzieht er den Franziskanern den Dom. Evangelium und Diplomatie sind miteinander nicht unvereinbar: *«Seid klug wie die Schlangen…»* (Mt 10,16). Kurz darauf enthebt er zwei Franziskaner in Mostar ihres Amtes, die in ihrer Kapelle die Sakramente an Mitglieder der Dompfarrei gespendet hatten, welche nach der Einführung der weltlichen Geistlichen nicht dorthin zurückkehren wollten. Im April 1981 erhalten Pater Ivan und Pater Ivica den Befehl, Mostar zu verlassen. Sie spenden keine Sakramente mehr an Mitglieder der Dompfarrei, bleiben aber in Mostar, im offenen Ungehorsam gegen den Befehl des Bischofs.

Übergehen wir die Einzelheiten. Die Sache wird immer schlimmer. Am 29. April 1982 werden sie aus dem Franziskanerorden ausgeschlossen. Die Erscheinungen von Medjugorje dauern schon zehn Monate…

Am 19. Dezember 1981 stellt Vicka der Jungfrau Maria eine Frage in dieser schmerzlichen Angelegenheit. Sie ist dazu beauftragt worden. Die Jungfrau Maria soll geantwortet haben, der Bischof habe falsche Schlüsse gezogen, er sei «verantwortlich». Sie verneint jegliche Schuld auf seiten der Patres Ivan und Ivica. Einige Wochen darauf sagt sie sogar, daß sie gegen das Verbot des Bischofs in Mostar bleiben könnten…

Aufgrund seines direkten, zupackenden Wesens reagiert dieser ohne Fingerspitzengefühl. Das hier ist eine Herausforderung der bischöflichen Autorität. Also kann es sich nicht um die Jungfrau Maria handeln.[5] Am 14. Januar 1982 trifft Vicka mit Msgr. Zanic zusammen: «Die

---

5 Der Bischof als Nachfolger der Apostel hat auf allen Gebieten des kirchlichen Lebens rechtsprechende Gewalt über sein Bistum. Diese Gewalt darf jedoch nicht sakralisiert werden. Wie jeder Mensch ist der Bischof dem Irrtum ausgesetzt. Es gab sogar häretische Bischöfe. Man braucht nur an die vielen Bischöfe des 4. Jahrhunderts zu erinnern, die dem Arianismus anhingen.

Die Pfarrkirche von Medjugorje ist seit den Marienerscheinungen weltbekannt geworden

Das Pfarrhaus von Medjugorje; während einer Zeit fanden die Erscheinungen der Mutter Gottes hier statt

Der Berg Krizevac

Medjugorje ist einer
der meistbesuchten Wallfahrtsorte der Welt

Alle Pilger stehen dem Meßopfer jeden Tag bei

Einer der seltenen Fotos (am Anfang der Erscheinungen), wo man alle Seher während der Marienerscheinungen sieht

Pater Jozo Zovko

Pater Slavko Barbaric

Maria hat vielen Pilgern die Gnade der Umkehr gespendet; diese Umkehr verwirklicht sich im Bußsakrament

Maria wartet auf uns, um uns zu Jesus zu führen.

Jakov, Ivan und Marija während einer Marienerscheinung

Ivan

Vicka

Mirjana

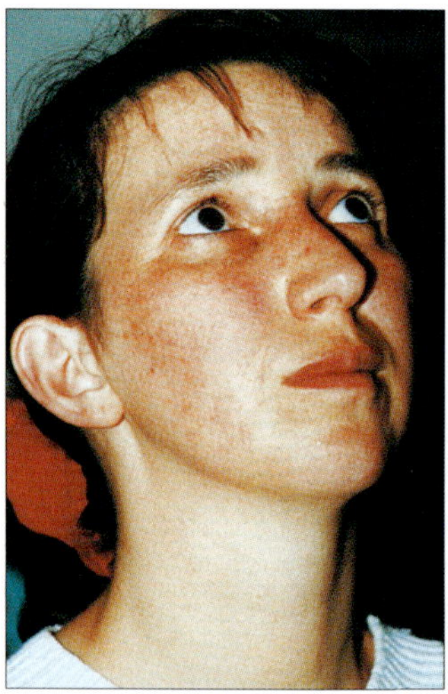

Marija

Ivanka

Jakov

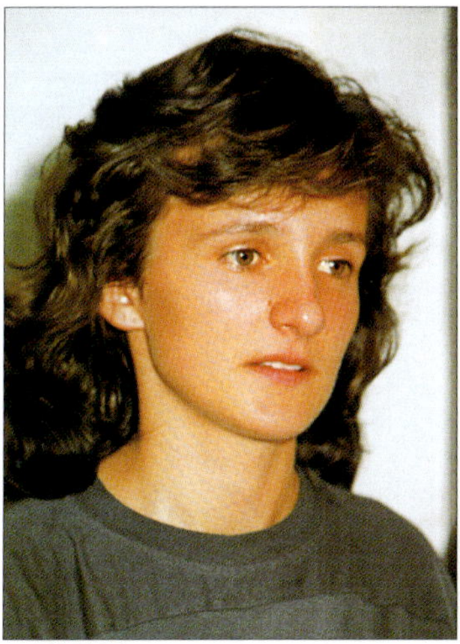

Marijana

Jelena

Eine Pilgergruppe betet auf dem Berg Podbrdo, wo die ersten Erscheinungen stattfanden

Die Jugendlichen haben den Aufruf der Mutter Gottes in Medjugorje gehört, und sind zahlreich zur Königin des Friedens gepilgert

Gospa schickt mich, um Ihnen zu sagen, Sie seien zu schnell gegen die Franziskaner vorgegangen.»

Damit ist die Auseinandersetzung nicht zu Ende. Jeder beharrt auf seinen Vorwürfen. Man verstrickt sich in Beweisführungen, die mehr von Unsachlichkeit als von Sachlichkeit geprägt sind. Letztere ist sowohl auf der einen als auch auf der anderen Seite nicht mehr gewährleistet. In allem aber, was nicht die Echtheit der Erscheinungen und den Inhalt der Botschaften betrifft, bleiben die Gemeinde von Medjugorje und die Seher den bischöflichen Anordnungen gegenüber streng gehorsam.

Mit seinem einigermaßen autoritären Wesen ergreift Msgr. Zanic seinerseits eine Maßnahme nach der anderen, um diesem sehr fruchtbaren geistlichen Abenteuer von Medjugorje ein Ende zu machen. Er versetzt Pater Tomislav. Er veröffentlicht ein «nicht-öffentliches (!) Urteil», in dem er «verantwortlich» bekräftigt, daß die Ereignisse von Medjugorje «Sinnestäuschungen» seien, das Ergebnis «franziskanischer Machenschaften». In der Folge werden seine Erklärungen noch weit schärfer.

Diese ganze Auseinandersetzung ist geprägt von verletzter Eigenliebe, Eigensinn, Vorurteilen und dem Fehlen dessen, was die Königin der christlichen Tugenden darstellt, die einfachste, klarste und am schwersten auszuübende: die Demut. Ein wenig Güte und Verständnis auf der einen, die heilige Tugend des Gehorsams auf der anderen Seite hätten genügt, um der Botschaft vom Himmel das fürchterliche menschliche Dazwischenfunken zu ersparen. Menschlich? Handelt es sich hier nicht vielmehr um ein satanisches Dazwischenfunken? Der Satan ist gegenwärtig und darauf versessen, alles zu zerstören, er, der *«Mörder von Anfang an»* (Joh 8,44). Das Evangelium weist sein Handeln und seine List viele Male nach. Maria wiederholt es in Medjugorje mit Nachdruck: *«Satan gibt es wirklich. Er will nur zerstören»* (14.2.1982). *«Alle Verwirrung kommt von Satan»* (15.8.1983). *«Wo immer ich mich auch bekunde, und mein Sohn mit mir, dorthin kommt auch Satan»* (28.1.1987).

Wie findet man sich in einer solchen Verwirrung zurecht? Es gibt in geistlichen Dingen einen vollkommen sicheren Prüfstein. Christus nennt uns das Merkmal: *«An ihren Früchten wird man sie erkennen»* (Mt 7,16). Über fünftausend Tage Erscheinungen von Medjugorje — kann es da hinsichtlich ihrer Früchte noch Zweifel geben?

Im April 1986 entzieht die Glaubenskongregation unter dem Vorsitz von Kardinal Ratzinger Msgr. Zanic die Befugnis bezüglich der Erscheinungen von Medjugorje und überträgt die Verantwortung dafür auf die jugoslawische Bischofskonferenz. Ohne daß Msgr. Zanic die Echtheit der Erscheinungen förmlich anerkannt hätte, ist er dennoch zum zehnten Jahrestag im Juni 1991 nach Medjugorje gekommen. Er hat der Eucharistiefeier vorgestanden, die von zahlreichen Bischöfen und Priestern gehalten wurde…

Innerhalb von zehn Jahren sind Bischöfe zu Hunderten nach Medjugorje gekommen, Priester zu Zehntausenden. Was die Pilger angeht, so sind es Millionen aus allen fünf Erdteilen.

Die kommunistischen Behörden haben ihren Kleinkrieg gegen die Erscheinungsstätten bis 1984 weitergeführt. Die Engherzigkeit der Behörden ging sogar so weit, den Bau von Toiletten zu verbieten, während an bestimmten Tagen bis zu 50 000 Pilger gekommen waren. Schließlich wurden sie durch die Feststellung, daß es nicht das geringste Anzeichen für Ustasche gab und alles in Frieden, Gebet und Sammlung geschah, dazu gebracht, ihre grundsätzliche Feindschaft aufzugeben. Vor allem aber hat die Regierung in dem unaufhörlichen Zustrom von ausländischen Pilgern eine unerwartete Devisenquelle entdeckt. Dollars sind mächtiger als Ideologien...

II.

Die Früchte

1. Ein neuer Frühling

Der geistliche Aufschwung, der die Pfarrgemeinde von Medjugorje in den nächsten Wochen erfaßt, grenzt ans Wunderbare. Durch Pater Tomislavs nach der Gefangennahme des Pfarrers wird die Frömmigkeit des Volkes in die rechten Bahnen gelenkt und ausgeweitet. Täglich strömen Pilger und Gemeindemitglieder zur Kirche. Keine falsche menschliche Rücksichtnahme mehr an diesem Gnadenort! Man ist glücklich, seinen christlichen Glauben offen leben zu können, weitab von einer durch die Ideologie verdorrten, durch die Gier nach Geld, Sex und Spiel fehlgeleiteten, nichtig gewordenen Gesellschaft.

Pater Tomislav gehört zu einem Erneuerungsvorgang, der nicht «eine Bewegung in der Kirche», sondern «Kirche in Bewegung» ist. Er ordnet das Geflecht von Gebeten und Gesängen, das wie von selbst um die Erscheinungen entstanden ist. Nach und nach führt er eine organische Liturgie ein, durch die die tägliche Heimsuchung noch stärker auf die Seelen wirken kann. Nachdem sich die Erscheinungen wegen der Verfolgung eine Zeitlang an verschiedenen Orten zeigten, finden sie ab Januar 1982 in einem kleinen Raum rechts vom Altar statt. Wenn die Menge, die meistens über den Kirchenraum hinausquillt, den Rosenkranz gebetet hat und die Marienlitaneien erklingen, kommen die Seher herein. Die liebende Begegnung zwischen der Mutter und ihren Kindern wird von der Eucharistiefeier gekrönt. Die Liturgie entfaltet sich schrittweise, im Lauf von Jahrhunderten. Keiner wird verwirrt, jeder kommt auf seine Kosten. Die Teilnehmer können gewiß sein, an einem wichtigen Ereignis in der heutigen Welt teilzunehmen, und wollen als Rädchen in einem geistlichen Mechanismus mitwirken am Heil einer Menschheit, auf der schwere Bedrohungen lasten. So werden sie — als bewußte Werkzeuge eines Gottes der Liebe, der die Menschen braucht — zu Mitwirkenden an einer Heilshandlung.

Die ausgedehnte tägliche Liturgie zur Begleitung der Erscheinungen ist nichts als eine Fermate in der geistlichen Erneuerung der Gemeinde. Deren mystische Grundlage ist in einer anderen, wesentlichen Tatsache zu finden: Der Hunger nach Gebet ist so groß, daß sich Gruppen zusammenfinden, die gemeinsam von dem Willen beseelt sind, einen Gutteil ihrer Zeit im Gespräch mit Gott zu verbringen, eben im Gebet. Diese Menschen wollen tiefer auf Marias dringende Aufrufe zu mehr und besserem Gebet eingehen. 1983 bilden sich drei erste Gruppen, die alle von Pater Tomislav beraten werden. Eine entsteht um Ivan und Marija; sie trifft sich jede Woche montags auf dem Crnica, dem Hügel der ersten Erscheinungen, und freitags auf dem Krizevac. Eine andere Gruppe vereinigt ungefähr zwölf Jugendliche um Jelena und Marijana. Die dritte besteht nur aus Erwachsenen; an ihren Zusammenkünften nimmt Jelena ebenfalls regelmäßig teil.

2. Erstaunliche Gnadengaben

Am 15. Dezember 1982 vernimmt die zehnjährige Jelena Vasilj eine innere Stimme. Seit Beginn der Erscheinungen verfolgt sie die außergewöhnlichen Ereignisse in ihrem Dorf mit gespannter Aufmerksamkeit. Eine große Sehnsucht steigt in ihrem Kinderherzen auf: mit der Gospa in Verbindung zu treten. Und warum sollte nicht auch sie sie sehen? Eifrig betet sie in diesem Anliegen. Und in seiner erstaunlichen Frömmigkeit und Feinfühligkeit beginnt dieses zarte Kind zu fasten, um dieses Vorrecht zu erhalten. *«Bittet, dann wird euch gegeben»* (Mt 7,7). Sie sollte empfangen, nicht für sich selbst, sondern im Dienst für unzählig viele andere.

Die Stimme ist oft zu hören. Jelena berichtet ihrem Vater davon, der für seine Weisheit bekannt ist. «Das kann vorkommen. Wir sind mit Gott im Gespräch», erwidert er seinem Kind. Diese «inneren Ansprachen» erhält sie von einem Engel. Dadurch wird sie auf ihre Aufgabe vorbereitet, auf spätere, weitaus bedeutsamere Heimsuchungen. Am 29. Dezember spricht dann die Jungfrau Maria selbst, darauf Christus. Jelena ist überglücklich. Mit verblüffender Reife sollte diese kleine Zehnjährige die Rolle einer Sprecherin des Himmels und der Leitung von Gruppen nach Gott dürstender Seelen übernehmen. Anfänglich nimmt sie die Botschaften im Herzen wahr, dann «sieht» sie die Jungfrau Maria und den Herrn, aber nicht außerhalb, sondern in ihrem Innersten, dort wo der Heilige Geist seine Bleibe hat. Eine Bleibe, der man so oft nicht die geringste Aufmerksamkeit schenkt.[6]

Aus eigenem Antrieb bildet Jelena in ihrem Dorf eine Gebetsgruppe. Unter den teilnehmenden Kindern ist auch die gleichaltrige Marijana, die dieselbe Gabe hat.

---

6 Lies hierzu besonders das 15. Kapitel des Johannes-Evangeliums.

Marijana ist bescheiden und zurückhaltend. Die Gruppe trifft sich regelmäßig. Durch Jelenas Vermittlung erhält sie Botschaften von der Jungfrau Maria. Im folgenden sind die Botschaften an die Gemeinde gerichtet. Nacheinander übermittelt Jelena die Einladungen zur Vorbereitung auf das Osterfest und dazu, vor Christi Himmelfahrt und dann vor Pfingsten eine Novene zu beten. Als der 5. August 1984 herankommt, offenbart Maria Jelena, daß sie an diesem Tag ihren zweitausendsten Geburtstag begehen werde. Medjugorje feiert ihn dann liebevoll. Aber auch recht zurückhaltend. Denn der Bischof hatte gerade jede öffentliche Feier für den 5. August verboten...

Etwas länger als ein Jahr steht Jelena im Vordergrund. Am 1. März 1984 wird sie dann von Marija abgelöst, die eine besondere Botschaft für die Gemeinde empfängt. So wird es von da an jeweils am Donnerstag sein. Ab dem 25. Januar 1987 an jedem 25. eines Monats. Alle diese Botschaften werden in Medjugorje sehr eifrig aufgenommen. Sehr schnell aber breiten sich die Stoßwellen über ganz Jugoslawien aus. Sie überschreiten die Grenzen: nach Italien, Österreich, besonders Deutschland, dann erreichen sie allmählich die ganze Welt. Von allen Seiten tauchen unzählige Denkschriften und Berichte auf. Tausende von Gebetsgruppen entstehen. Zahlreiche Schriften berichten im einzelnen über die Ereignisse, Theologen untersuchen sie. Der bedeutendste von ihnen, Abbé René Laurentin, ein Mariologe von Weltruf, widmet dem sehr viel Zeit, wobei er seinen Ruf aufs Spiel setzt. Anzweifeln macht sich gut in der Kaste der Hochschultheologen. Unerschütterlich fährt Abbé Laurentin mit seinen Untersuchungen fort; dabei bedient er sich der schärfsten Kriterien, um die Echtheit der übernatürlichen Phänomene der Erscheinungen nachzuweisen. Sein Urteilsspruch ist klar und deutlich: In Medjugorje handelt es sich um echte Erscheinungen. Der bedeutende marianische Theologe versteht es, die mystischen Phänomene sachlich zu untersuchen und zu beurteilen, zugleich aber auch, sie im Licht des Glaubens mit der notwendigen inneren Sicht zu erwägen.

3. Zeichen wie in Fatima

Am 2. August 1981 sehen viele Pilger den «Tanz der Sonne», gleich dem, der am 13. Oktober 1917 von Zehntausenden am Himmel von Fatima gesehen worden war. Tatsächlich hatten viele Leute schon am 26. Juni 1981 seltsame Lichterscheinungen bemerkt. Die aufsehenerregendste war das Erscheinen des Wortes MIR — Friede — in riesengroßen feurigen Buchstaben am Himmel von Medjugorje am 24. August, das von Hunderten von Zuschauern beobachtet wurde. Am darauffolgenden 29. Dezember wurden, während Maria erschien, an einer Wand die Worte MIR LJUDIMA — Friede den Menschen — sichtbar. Im Oktober 1981 und März 1982 konnte eine große Menschenmenge auf dem Gipfel des Krizevac das große Kreuz verschwinden sehen, an dessen Stelle eine Lichtgestalt trat, in der deutlich die Jungfrau Maria zu erkennen war. Das Phänomen ist mehrmals fotografiert und gefilmt worden. Einige Male wurde der Sonnenschein plötzlich milder und nahm eine mattweiße Farbe an, die ihn wie eine riesige Hostie am Himmel aussehen ließ. Die in den ersten Jahren unregelmäßig erscheinende «Gemeindechronik» verzeichnet vom 14. Oktober 1981 bis 3. Oktober 1983 fünfunddreißig verschiedene Phänomene.

Was soll man davon halten? In der Heiligen Schrift spielt das sichtbare Zeichen eine wichtige Rolle zur Bekräftigung und Unterstützung des Glaubens. Es bestätigt auch die Gegenwart Gottes. Im Alten Bund hat der Herr seine Herrlichkeit oft durch Lichtzeichen bekundet, besonders auf dem Sinai und im Umkreis der Bundeslade. Bei der Geburt und beim Tod des Herrn zeigen sich Lichtphänomene. Diese hat Jesus auch für das Ende der Zeiten verkündigt: *«Es werden Zeichen am Himmel erscheinen»* (Lk 21,11). Maria hat in Medjugorje mehrfach «ein großes Zeichen» angekündigt, das ständig für alle über Medjugorje sichtbar sein werde. Am 25. Juni 1981 hatte Mirjana von der Jungfrau Maria ein «Zeichen» erbeten, um nicht für verrückt gehalten zu werden.

Zwar bietet sich für einige der in Medjugorje beobachteten Zeichen eine natürliche Erklärung an, doch andere sind wissenschaftlich nicht zu erklären. Von der wissenschaftlichen muß man auf die übernatürliche Ebene übergehen, die sich der denkenden Vernunft sowie den physikalischen Gesetzen entzieht. Gott ist der Meister des Himmels und der Erde. *«Was ist das für einer, daß ihm sogar Wind und Meer gehorchen?»* (Mt 8,27), fragten sich die Apostel in ihrer Verblüffung über die Macht, die Jesus über die Naturelemente besaß.

4. Etwas Unbeschreibliches

Ist im übrigen die bloße Tatsache, das Unsichtbare zu sehen, den Herrn, die Jungfrau Maria oder Menschen aus dem Jenseits — wie zum Beispiel Ivanka ihre 1981 verstorbene Mutter sah — menschlich gesprochen nicht etwas Unmögliches? Dennoch haben Bernadette, die Hirtenkinder von La Salette und Fatima die Jungfrau Maria sehr wohl gesehen und berührt. Die Seher erblicken sie durchaus wirklich und lebendig vor sich, «wirklicher als die Welt um sie herum, die während der Erscheinung für sie verschwindet» (René Laurentin).

Wie sieht Maria von Nazareth aus? Seher aller Jahrhunderte sagen dasselbe: «Sie ist schön», doch von einer Schönheit, die man nicht beschreiben kann. Nichts auf der Welt könnte eine Ahnung von dieser Schönheit vermitteln. Der kleine Jakov mit seinen zehn Jahren hat es selbst gesagt: «Ich habe nie eine so schöne Frau gesehen.»

Das Wunder liegt darin, daß diese Schönheit nicht fern, nicht unerreichbar ist. Sie flößt sofort vollkommenes Vertrauen ein. Maria ist wirklich eine Mutter; das spürt man sofort. Und zwischen ihr und den Sehern entsteht eine Verbindung von Mutter und Kind. Sie spricht ihre Sprache. In Lourdes sprach sie die Mundart der Pyrenäen, in Fatima portugiesisch, und in Medjugorje wendet sie sich auf kroatisch an die Kinder. Ebenso hat ihre Stimme einen unbekannten, unerklärlichen Klang — eine Himmelsmusik. «Ach, wenn ihr doch ihre Stimme hören könntet!» flüsterte Vicka nach einer Erscheinung. Sie ist gekleidet wie ihr Volk zur biblischen Zeit. Langes Kleid, von einem auf Erden unbekannten Lichtgrau, langer weißer Schleier. Sie trägt eine von zwölf Sternen geschmückte Krone. Sie ist wirklich die von der Sonne bekleidete Frau der Apokalypse (12,1). Ihr Alter? Strahlendste Jugend. Eine junge, etwa zwanzigjährige Frau. Bei dem Anblick eines Standbilds, das ein begabter Bildhauer nach den Angaben der Seher gefertigt hatte, sagten sie: «Sie ist es, und sie ist es nicht.» Wie Bernadette und die anderen mußten sie feststellen, daß man auf Erden unmöglich die Schönheit derer darstellen kann, die Zugang zum Himmel haben, allen voran die Immaculata.

5. Medizinisch-wissenschaftliche Untersuchungen

Ist das alles nicht Sinnestäuschung, Einbildung, krankhaft oder sogar Betrug? Seit Dr. Charcot, dem Begründer der Neurologischen Schule der Salpêtrière, fragt man nach den Grenzen zwischen Hysterie und Mystik. Seit seinen Forschungen am Ende des 19. Jahrhunderts hat der Begriff «mystisch» einen abfälligen Beiklang bei vielen Wissenschaftlern, besonders bei denen der freudianischen Schule.

Ist die Ekstase der Seher ein pathologisches Phänomen? Wissenschaftler wollten wissen, woran sie in Medjugorje sind. Dr. Henri Joyeux, Professor der Medizin an der Hochschule von Montpellier und am Curie-Institut in Paris, Träger eines internationalen Preises für Krebsforschung, ist einer von denen, die, selbstverständlich mit vollkommener wissenschaftlicher Strenge, wiederholt

Untersuchungen vorgenommen haben, und zwar mit Hilfe genauer, zuverlässiger Apparate. Diese Untersuchungen beschränken sich auf das rein Wissenschaftliche. Selbstverständlich hatten sie sich nicht zu der Echtheit der Visionen zu äußern.

Prof. Joyeux und seine Mitarbeiter konnten die Tatsache ermitteln, daß die Gehirnwellen der Seher in der Ekstase von dem gewöhnlichen Alpha-Beta-Rhythmus in einen reinen Alpha-Rhythmus übergehen. Dieser zeigt sich bei jemandem, der meditiert, eine schöne Landschaft betrachtet oder sanfte Musik hört.

Der Bischof von Mostar hatte gesagt: «Ich bin sicher, daß es sich um Sinnestäuschungen der Seher handelt, und zwar um kollektive Sinnestäuschungen, die von einigen Franziskanern geschickt ausgenutzt werden.» Prof. Joyeux konnte das Gegenteil feststellen. Am 9. August 1984 begab er sich nach Mostar zu Msgr. Zanic und sagte wörtlich zu ihm: «Durch das Elektro-Encephalogramm und die klinische Beobachtung muß eine Sinnestäuschung wissenschaftlich ausgeschlossen werden.»

Es wurden viele weitere Untersuchungen unternommen, zum Beispiel mit dem Elektrokardiagramm, ferner Augentests, Gehör- und Sprachprüfungen; sie erlaubten den Mitarbeitern um Prof. Joyeux folgende sichere Schlüsse:

1. Diese jungen Leute sind normal, das heißt körperlich und geistig gesund.

2. Bei ihnen handelt es sich weder um eine Epilepsie, Schlaf- oder Traumzustände, noch um Sinnestäuschungen im pathologischen Sinn, Hysterie, Neurose oder

pathologische Ekstase und schließlich auch nicht um eine Katalepsie.

3. Die Untersuchungen haben außerdem bewiesen, daß es sich nicht um Betrug handeln kann.

Unter anderem konnte das Gutachten auch feststellen, daß die Augäpfel der Seher zu Beginn der Ekstase *zugleich* ihre Bewegung einstellen; eine Viertelsekunde nach Beendigung der Ekstase setzen sie in vollkommener Übereinstimmung *zugleich* wieder ein. Darüber hinaus sind ihre Blicke auf einen bestimmten Punkt gerichtet, auf die Stelle, wo ihnen die Jungfrau Maria erscheint. Die Schlußfolgerungen enden mit den Worten: «In Medjugorje handelt es sich nicht um pathologische Ekstasen, und es ist kein Betrug dabei. Nach unserem Ermessen ist kein wissenschaftliches Fach imstande, diese Phänomene zu benennen. Wir würden sie gern als aktiven, intensiven und teilweise von der äußeren Welt gelösten Zustand des Gebets bezeichnen, als Zustand einer zusammenhängenden, gesunden Kontemplation und Kommunikation mit einer nur von ihnen gesehenen, gehörten und berührbaren Person.»

Mehr können die Wissenschaftler nicht sagen. Kühl und sachlich war Prof. Joyeux mit einem rein medizinisch-wissenschaftlichen Ziel nach Medjugorje gekommen. Er kam wieder mit Frau und Kindern, um dort ihr sechstes Kindchen taufen zu lassen. Durch das, was er bei seinen beiden wissenschaftlichen Aufenthalten gesehen, gehört und erfahren hatte, war der Christ in ihm völlig umgewandelt worden.

6. Zehn Geheimnisse

In Lourdes hatte die Jungfrau Maria Bernadette drei Geheimnisse anvertraut. Sie betrafen weder die Kirche, noch die Welt, sondern allein sie selbst.

In Fatima erhielten die Hirten ebenfalls drei Geheimnisse. Das letzte durfte ab 1960 enthüllt werden. Der Papst, der es verwahrte, hat es nicht getan. So erging man sich in Vermutungen über den Inhalt.

Den Sehern von Medjugorje sind persönliche Geheimnisse anvertraut worden. Sie gehören nur ihnen. Es sind «Hinweise und Ratschläge für ihre Lebensführung» (René Laurentin).

Darüber hinaus hat Maria ihnen Geheimnisse über die Zukunft der Welt anvertraut. Insgesamt sind es zehn, die den einzelnen zu verschiedenen Zeiten gegeben wurden. Mirjana erhielt das zehnte Geheimnis am 25. Dezember 1982. An diesem Tag hatte sie ihre letzte Erscheinung in der Gruppe. Maria sagte ihr zu, daß sie ihr von da an einmal im Jahr, an ihrem Geburtstag am 18. März, erscheinen werde. Ivanka empfing das letzte Geheimnis am 6. Mai 1985. Am Tag darauf hatte sie ihre letzte Erscheinung, die eine Stunde dauerte. In der Ekstase bat sie die Jungfrau Maria, ihre vor vier Jahren verstorbene Mutter wiederzusehen. Dieses unerhörte Vorrecht wurde ihr zuteil. Sie konnte ihre Mutter umarmen. Auch ihr wird jedes Jahr eine Erscheinung gewährt, am 25. Juni, dem Tag der ersten Erscheinung. Angesichts der tiefen Traurigkeit Ivankas sagt die Jungfrau Maria am 7. Mai zu ihr: «*Opfere deine Traurigkeit für die Bekehrung der Welt auf!*»

Alle anderen Seher warten noch auf die Enthüllung des zehnten Geheimnisses.

Die die Zukunft der Welt betreffenden Geheimnisse werden im gegebenen Augenblick bekanntgemacht. Mirjana soll sie Pater Pero anvertrauen, der sie dann öffentlich bekanntgibt.

Man weiß, daß das dritte Geheimnis das ständige Zeichen betrifft, das über dem Erscheinungsberg auftreten und für alle sichtbar sein wird. Mirjana und Vicka kennen den Zeitpunkt, an dem dieses Zeichen sich zeigt. Man weiß auch, daß die letzten sechs Geheimnisse schwerwiegende Ereignisse betreffen. Die Seher weinten, als sie sie erhielten...

Was für Katastrophen werden da angekündigt? Man ist auf Vermutungen angewiesen. Die Welt ist in einem Zustand, daß man Mühe hat zu wählen. Der Bürgerkrieg, der 1991 in Jugoslawien losbrach und vier Jahre gewütet hat, ist das nächstliegende, grausamste Beispiel dafür.

Sind diese Katastrophen unvermeidlich und tödlich? Die Antwort lautet: nein! Durch Umkehr, Beten und Fasten, gestützt auf den Glauben und die von der Vergebung nicht zu trennende Versöhnung — die fünf unschlagbaren Waffen —, können die Menschen das Eintreten der vorhergesagten Katastrophen verhindern. Maria versichert in einer Botschaft: *«Fasten und Beten können Kriege und Naturkatastrophen verhindern»* (21.7.1982). Wie Johannes der Täufer ruft sie hinaus, wie dringend nötig die Bekehrung ist; am 25. Oktober 1985 sagt sie: *«Dies ist eine Zeit der Gnade und der Bekehrung. Nützt sie gut.»*

Sie beharrt darauf, daß die Bekehrung vordringlich und zwingend ist: *«Bekehrt euch. Wenn das Zeichen kommt, ist es zu spät dazu»* (25.4.1983). Die Bekehrung ist der eigentliche Grund ihres Kommens auf die Erde am Ende dieses 20. Jahrhunderts: *«Ich bin gekommen, um die Welt zum letzten Mal zur Umkehr zu rufen»* (2.5.1982). Beängstigende Aufrufe!

Was bedeutet denn «sich bekehren»? In der Bibel meint es, die Richtung ändern, sich umdrehen. Dazu gehört zum einen die Reue über das begangene Unrecht — wir alle sind Sünder —, zum anderen eine grundlegende Veränderung unseres ganzen Denkens. Mitten hineingetaucht in eine heidnische Gesellschaft, haben wir ihre Art und Weise zu denken, zu bewerten und zu urteilen übernommen. Weitgehend auch die Gepflogenheiten. Oft ohne uns davon Rechenschaft zu geben.

Bekehrung bedeutet, daß wir uns von dieser Art geistigen Aussatzes befreien. Dazu sind uns drei Mittel gegeben: treu und demütig auf die Lehre der Kirche zu hören und dann vor allem der häufige Gebrauch der beiden Sakramente, die uns jederzeit und großzügig zur Verfügung stehen, die Eucharistie und das Sakrament der Versöhnung. Hören wir dazu Maria: *«Die Christen müssen eingeladen werden, einmal im Monat zu beichten, besonders am ersten Samstag des Monats.»* Sie empfiehlt dies insbesondere der «westlichen Kirche» als Heilmittel gegen die Krankheiten, an denen diese leidet (Fest der Verklärung 1982). Das dritte Mittel, das uns zur Verfügung steht, soll uns vor dem harten Vorwurf des Herrn bewahren: *«Eure Gedanken sind nicht meine Gedanken»* (Jes 55,8). Das

Denken Gottes können wir uns allmählich zu eigen machen, wenn wir Gottes Wort *täglich* in uns aufnehmen.

Zur Rettung von Sodom und Gomorrha wären nicht mehr als zehn Gerechte nötig gewesen (Gen 18,32). Wieviele sind nötig, um die Welt vor den drohenden Katastrophen zu retten? Das weiß Gott allein. Jeder von uns kann die Zahl vergrößern. Durch die Umkehr im Sinn der Heiligen Schrift. *«Ich brauche eure Gebete und eure Buße»*, sagt die Jungfrau Maria am 25. April 1984. Warum braucht sie sie? Hören wir die überraschenden Worte, die sie als die demütige «Magd des Herrn» seit der Zeit von Nazareth spricht: *«Ich verfüge nicht über alle Gnaden. Ich bekomme von Gott, was ich im Gebet erlangt habe»* (31.8.1982). Wenn man in Marias Anliegen betet, vergrößert sich das Gnadenkapital, das sie vor Gott besitzt. In ihrer Botschaft vom 25. September 1991 bittet Maria uns inständig darum, in ihren Anliegen zu beten. Wir wollen es nie vergessen: Durch unsere Gebete wird das Gebet der Jungfrau Maria verstärkt. Diese erstaunliche Neuigkeit kommt von ihr selbst.

Zehn Geheimnisse. Drohende Katastrophen. Durch Gottes Gnade ist die Zukunft auch in unserer Hand.

7. Heilungen

Wie in Lourdes heilt Gott in Medjugorje auf Marias dringende Bitten hin. In gleicher Weise kann er auch die Welt von ihren fürchterlichen Krankheiten heilen, wenn wir uns bekehren und unser Flehen mit dem der Gottesmutter vereinigen.

In der Pfarrei sind über 500 Heilungen festgestellt und aufgezeichnet worden. Sie wurden in mehr oder weniger vollständigen Krankenblättern niedergelegt. Ungefähr zwanzig dieser Unterlagen entsprechen den sehr strengen Normen, die erlauben, eine Heilung festzustellen. Multiple Sklerose, Hydrocephalus internus, Wirbelbruch, Hirnhautentzündung, Toxoplasmose, Epilepsie und andere. Alle die verschiedenen Kranken wurden durch die Anrufung Marias entweder augenblicklich oder allmählich geheilt, sei es in Medjugorje selbst oder anderswo auf der Welt.

Als Beispiel möge die 1981 erfolgte Heilung des Damir Coric gelten. Er war einundzwanzig Jahre alt. Seit über einem Jahr litt er an Hydrocephalus internus mit einem subduralen Hämatom. Er konnte nicht mehr sprechen, gehen oder essen. Er war völlig inkontinent. Eine Tomographie zeigte die große, unwiederbringliche Zerstörung eines Teils des Gehirns. Er war bereits fünfmal operiert worden. Im Juli 1981 wird er von seiner Familie nach Medjugorje gebracht. Man läßt ihn am Fuß des Erscheinungsbergs warten. Seine Mutter geht hinauf um zu beten. Sie kehren ohne Ergebnis heim. Die Familie betet und fastet weiter. Bei der Rückkehr nach Medjugorje drei Wochen später betet Vicka für ihn in der Kirche. Damir: «In diesem Augenblick fühle ich, daß etwas wie eine Kraft in mich kommt.» Am selben Abend kann er sitzen. Die Besserung geht schnell voran. Bald kann er gehen. Zu Weihnachten ist die Sprache wieder da. Zu Ostern ist er geheilt. Zwei Jahre später arbeitet er wieder in einer Fabrik in Mostar. Die medizinische Untersuchung hat ihn für arbeitsfähig erklärt.

Kürzlich wurde wie in Lourdes eine ständige medizinische Dienststelle eingerichtet. Sie soll die geheilten Fälle untersuchen.

Wie damals während seines öffentlichen Wirkens fährt Jesus Christus fort zu heilen, in Medjugorje oder anderswo, überall auf der Welt. Was er erwartet, das ist rückhaltloser Glaube.

8. Medjugorje und der Krieg (1991-1994)

Am 25. Juni 1991 erklären Slowenien und Kroatien ihre Unabhängigkeit. Die jugoslawische Bundesarmee als Bürge der territorialen Einheit fällt über den kleineren der beiden neuen Staaten her. Die Armee ist die letzte noch bestehende Bundeseinrichtung; sie wird von eingefleischten Anhängern des titoistischen Kommunismus geführt. Slowenien stellt sich ganz hinter seine Führer; die Streitkräfte sind entschlossen, die Unabhängigkeit zu verteidigen. Angesichts dieser einmütigen Entschlossenheit zieht sich die Bundesarmee zurück. In Slowenien gibt es übrigens nur eine kleine serbische Minderheit, nur rund 2,2% der Bevölkerung. In der jugoslawischen Auseinandersetzung geht es in Wirklichkeit um außerhalb ihres Bundeslandes lebende Serben, und nicht so sehr um ein geschlossenes Staatsgebiet.

In Kroatien leben dagegen mehr als eine halbe Million Serben, das heißt 12,2% der Bevölkerung. Nach Slowenien ist Kroatien an der Reihe. Dort stellt sich die jugoslawische Armee in den Dienst der «serbischen Interessen». Gegen die an Serbien grenzenden Gebiete Slowenien und Krajina bricht ein richtiger Krieg aus. Dörfer und Städte werden von Artillerie und Panzern verwüstet. An dem Beispiel der nach dreimonatiger Belagerung vollkommen zerstörten Stadt Vukovar wird die Roheit des Angriffs deutlich. Die kroatischen und muslimischen Teile der Bevölkerung werden verjagt. Die kommunistische Führung Serbiens veröffentlicht einen «Gebietsreformplan» für Kroatien und anschließend auch für Bosnien-Herzegowina. Es handelt sich um die Einrichtung «ethnisch reiner» Gebiete. Eine rassistische, auf Abwege geratene Ideologie, die für Demokratien und erst recht für Christen vollkommen unannehmbar ist. Jeder Mensch ist ein Kind Gottes und nach seinem Bild geschaffen (Gen 1,26).

Die ganze Tragödie des ehemaligen Jugoslawien entstand und entwickelte sich aus der Anwendung des unsinnigen Grundsatzes von der «ethnischen Säuberung». In Bosnien-Herzegowina sind die Bevölkerungsteile untrennbar miteinander vermischt, außer in einigen Gebieten wie dem von Kroaten bewohnten Südwesten. Dort liegt auch Medjugorje. Insgesamt stellen in Bosnien-Herzegowina die Serben 30%, die Kroaten 19% und die Muslime 40% der Bevölkerung.

Anfang 1992 erklärt Bosnien-Herzegowina seinerseits die Unabhängigkeit. Die Bundesarmee und die örtlichen serbischen Milizen schlagen sofort zu. Auch hier werden in den nahe an Serbien gelegenen Gebieten Dörfer und Städte verwüstet. Es soll ein rein serbischer Raum geschaffen werden. Auf die Hauptstadt wird derselbe Grundsatz der «ethnischen Säuberung» angewendet. Vom Fernsehen wird Sarajewos Todeskampf vor der ganzen Welt ausgebreitet.

Wochenlang sehen die Mächte tatenlos dem Geschoßhagel zu, der selbst die als «Weltkulturerbe» eingestufte, geschichtsträchtige Stadt Dubrovnik nicht verschont. Schließlich beginnen die Gewissen sich angesichts der abscheulichen Massenmorde und der schweren Zerstörungen zu rühren. Die Vereinten Nationen ordnen ein Embargo gegen Serbien und Montenegro an, die für diesen sinnlosen Krieg verantwortlich gemacht werden. Die böse Seele dieses Verbrechens gegen die Menschlichkeit ist der serbische Präsident, Slobodan Milosevic, ein als Nationaldemokrat getarnter Kommunist seit seinem 18. Lebensjahr. In Belgrad selbst kommt es im Juni und Juli 1992 zu großen Kundgebungen gegen diesen gnadenlosen Kriegstreiber. Umsonst.

Unbeachtet von den Medien — die sich nur mit den Auswirkungen der Ereignisse beschäftigen — hat eine wichtige Kleinigkeit entscheidend dazu beigetragen, daß die Politiker angesichts der kroatisch-bosnischen Tragödie aufwachten. Die Vereinigten Staaten waren es, die durch die Stimme des Staatssekretärs J. Baker als erste Vergeltungsmaßnahmen gegen die verbrecherischen Taten Serbiens forderten. Unter den zwölf EG-Staaten war es Frankreich, mit dem Serbien von alters her verbündet war, das dieses Land an den Pranger gestellt hat. Warum gerade diese beiden Länder?

Von April 1992 an wurden das von dem überzeugten Christen James Baker geführte amerikanische Staatsdepartment und das Präsidium der Französischen Republik buchstäblich von Briefen überflutet, die ein Eingreifen verlangten. Alle diese Briefe kamen von Medjugorje-Pilgern. Unter dem erschütternden Eindruck der Hilferufe aus Medjugorje nahmen sie kein Ende. Das führte auf höchster Ebene zu einer Schärfung des Gewissens. Die endlich klare und entschlossene Stellung der Vereinigten Staaten und Frankreichs übte auf die Verantwortlichen in anderen Ländern und die weltweite öffentliche Meinung eine zündende Wirkung aus. Es stimmt zwar, daß Deutschland, das seine Sympathie für Kroatien nicht verbirgt, von Anfang an eine deutliche Stellung bezogen hatte; aufgrund der mit dem Nationalsozialismus verbundenen Erinnerungen konnte es jedoch keine führende Rolle übernehmen.

So war es Medjugorje, das die Umkehr der Lage in Kroatien und Bosnien-Herzegowina bewirkt hat, jedoch ohne daß dies zum Ende des Vernichtungswerks der serbischen Kräfte geführt hätte. Ebenso muß die weltumspannende gewaltige Gebetskette von Medjugorje-Freunden erwähnt werden. Desgleichen die Pilger, die zu Tausenden dafür fasteten, daß dieser selten grausame Krieg aufhörte. *«Gebet und Fasten können Kriege und Naturkatastrophen verhindern»*, hatte die Jungfrau Maria den Sehern im zweiten Erscheinungsjahr gesagt (21.7.1982).

Wenn der Krieg nicht verhindert werden konnte, lag es vielleicht daran, daß nicht genug und auch zu wenig eifrig gebetet wurde. Schließlich hat Satan gesiegt. Die Grausamkeit dieses Krieges läßt in der Tat keinen Zweifel daran, daß es sich hier um ein satanisches Zerstörungswerk handelt. Jahrelang hatte Maria ihre Kinder gewarnt: *«Satan gibt es wirklich. Er will nur zerstören»* (14.2.1982). Mitten in der furchtbaren Tragödie, die über Bosnien-Herzegowina hereingebrochen war, sagt sie zum wiederholten Male: *«Ich bin mit euch, auch in diesen friedlosen Tagen, in denen Satan alles zerstören möchte, was mein Sohn Jesus und ich aufbauen. Er möchte besonders eure Seelen zerstören. (...) Satan möchte all das zerstören, was in euch und um euch herum heilig ist»* (25.9.1982).

Haben wir wirklich auf die vielen Warnungen der Gottesmutter gehört? Haben ihre Tränen uns erschüttert? «Als die Gospa mir erschien», sagte Vicka nach der Erscheinung im Juni 1992, «war sie traurig. Weinend hielt sie eine Hand vor die Brust, wie wenn sie einen starken Schmerz in der Herzgegend verspürte. Ihre Augen blickten schmerzvoll; Tränen standen darin. Sonst lächelte sie üblicherweise und übertrug ihre Freude auf uns. Seit dem Kriegsausbruch sieht sie bedrückt aus, aber heute hat sie geweint.» Es wäre an der Zeit, daß wir uns bis ins Innerste von den Tränen unserer geliebten Mutter treffen ließen, die sie selbst von der danteschen Schau der sichtbaren Trümmer und der Leiden unzähliger Menschen so niedergeschlagen ist.

Sichtbare Trümmer? Ein Teil Kroatiens und der größte Teil Bosniens sind ein einziges Bild des Jammers. Das Martyrium von Vukovar und Sarajewo hat der Westen von der ersten Reihe aus mitangesehen. Mostar, der Bischofssitz, von dem auch Medjugorje abhängt, war von Mai 1992 an monatelang den Schüssen der serbischen Schwerartillerie ausgesetzt. Die Stadt ist verwüstet, der

Dom schwer beschädigt; Kloster und Kirche der Franziskaner sind nur noch ein Trümmerhaufen.

Medjugorje selbst wurde zum Ziel von Angriffen; es wurde am 8. Mai 1992 bombardiert. Im Umkreis von 300 m um die Kirche fielen sechs Granaten. Am 11. Mai wurde das Dorf von serbischen Flugzeugen angegriffen. Die Bomben schlugen 1000 m neben dem Heiligtum ein. Ende Mai erfolgte ein erneuter Luftangriff auf die Kirche, eine Bombe fiel ohne zu zünden nahe beim Kirchplatz nieder, eine weitere hinter der Kirche, wobei eine Kuh getötet wurde. Einer der serbischen Piloten offenbarte später, der Abzugshebel habe geklemmt, als er die Bombe über der Kirche fallen lassen wollte. Bei seiner Verhaftung in Ljubuski bestätigte er diese Aussage. Die serbischen Piloten waren an jenem Tag mit der Zerstörung des Heiligtums von Medjugorje beauftragt. Es wurde auf wunderbare Weise verschont. Und Medjugorje bleibt alles in allem eine Oase des Friedens.

Es sind Dutzende von Orten zerstört worden. Besonders hatte man es auf katholische Kirchen abgesehen. Über 800 sind in Kroatien und Bosnien-Herzegowina verwüstet worden. Der Wiederaufbau in diesen Ländern wird eine Generation dauern.

Noch ernster und unauslöschlicher sind aber die leiblichen Wunden und seelischen Zerstörungen. Wie viele der Überlebenden mußten zusehen, wie geliebte Menschen vor ihren Augen gefoltert und niedergemetzelt wurden! Mirsad, ein Moslem aus einem Dorf in Nordbosnien, sah, wie serbische Milizsoldaten Muslime niedermachten, darunter seinen ältesten Sohn, und Frauen vergewaltigten, auch seine eigene Ehefrau. Er sagt voller Wut, er werde seine Kinder und Enkel mit Haß füttern, «sie müssen uns rächen». Solche und noch schlimmere Gemetzel sind im Namen der «ethnischen Säuberung» verübt worden. So wurden sechstausend Einwohner von Prigedor umgebracht, und zwischen sechs- und achttausend bei der Einnahme von Srebrenica. In Mostar sind Massengräber entdeckt worden. Kroaten und Muslime jeden Alters waren gefoltert und verstümmelt worden, bevor man sie tötete und auf eine Müllkippe warf. Die fürchterlichsten Schrekkensberichte werden immer zahlreicher. «Das ist Völkermord!» schreit der Erzbischof von Zagreb, Msgr. Kuharic, auf. «Ganze Völkerschaften sind der Verfolgung durch wahre Bestien ausgesetzt. Wir wenden uns an die öffentliche Meinung, an die Regierungen aller Länder der Welt, daß sie diese Katastrophe beenden... Wer nicht sein Bestes tut, wird zum Mittäter.»[7]

---

7 Zwar stehen die Serben bezüglich der Grausamkeiten an der Spitze — und man darf nicht vergessen, daß sie zuerst angegriffen haben —, aber auch die Kroaten und die Muslime haben sich durch Kriegsverbrechen schuldig gemacht. In dieser Auseinandersetzung darf man nie aus dem Auge verlieren, daß die Soldaten und Milizsoldaten aller Seiten Produkte eines atheistischen Regimes sind, das fast ein halbes Jahrhundert lang auf all diesen Bevölkerungsteilen das Bleigewicht der Ideologie lasten ließ. Die von der Jungfrau Maria seit 1981 erzogene Gemeinde von Medjugorje ist im alten Jugoslawien noch die Ausnahme. In diesen sich offen zum Atheismus bekennenden Ländern ist die Neu-Evangelisierung eine langfristige Angelegenheit. Es möge nicht vergessen werden, daß die meisten Serben und Kroaten auch heute noch nicht einmal getauft sind. Die Bezeichnung «orthodox» für die Serben und «katholisch» für die Kroaten und Slowenen ist für die allermeisten geschichtlich und kulturell zu werten, nicht aber religiös. Auch die westlichen Länder, in denen der praktische Materialismus herrscht, sind großenteils Wüsten, aus denen Gott verbannt ist.

Man hat nicht auf Kardinal Kuharic gehört. Ebenso wenig auf andere wichtige Stimmen. Generäle und Militärsachverständige haben ihre Regierungen vor diesem Wespennest gewarnt, aus dem sie nicht heil herauskommen würden. Während des Krieges seien dreißig Divisionen der Nationalsozialisten gegenüber ein paar tausend von den Bergen geschützten Untergrundkämpfern vier Jahre lang machtlos gewesen. Der kanadische General Lewis MacKenzie, Kommandeur der UNO-Truppen in Sarajewo, spricht von einer Million Soldaten, die nötig wären, um Bosnien-Herzegowina unter Kontrolle zu bekommen und anschließend zu besetzen («Time» vom 17.8.1992). Unnötig zu erwähnen, daß die Regierungen erschrocken waren.

Im Sommer 1992 hätte es jedoch ein einfaches Mittel gegeben, diesen grausamen, sinnlosen Krieg zu beenden: ein Ultimatum an Serbien. Falls es seine Angriffe nicht einstellte, würden die unter der Führung der UNO vereinigten Luftstreitkräfte zu einer planmäßigen Zerstörung der Kriegsmaterial herstellenden Fabriken und Brücken in Serbien übergehen. Falls das nicht genügte, würden auch Schwerindustrie und Eisenbahnknotenpunkte mit einbezogen werden. Man darf sicher sein, daß sich die serbische Bevölkerung nach dem Inkrafttreten eines solchen Ultimatums bald von seinem Präsidenten Milosevic, dem Urheber der «ethnischen Säuberungs»-Kampagne und ehemaligen Parteivorsitzenden, befreit hätte.

Statt dessen wurde in London, Genf und anderswo eine Konferenz nach der anderen abgehalten. Die Serben unterzeichneten alle Waffenstillstandsabkommen und brachen sie dann gleich wieder. So gewannen sie die notwendige Zeit zur Eroberung der Gebiete, die sie Groß-Serbien angliedern wollten. Aufgrund der durch die «ethnische Säuberung» erworbenen Vorteile würden sich dann auch die Verfechter des Friedens einsetzen können. Auf dem Rücken Hunderttausender von Opfern, mehreren Millionen «umgesiedelter», aus ihren Häusern vertriebener Familien.

In diesem ideologischen Krieg haben Europa und Amerika durch ihre Unentschlossenheit, Nachgiebigkeit und Schlaffheit ihre Ehre eingebüßt...

Das verspätete Eingreifen der Vereinten Nationen 1994 hat schließlich zu einigen Ergebnissen geführt. In Italien und dem adriatischen Meer wurde eine riesige Armada aus Flugzeugen und Schiffen zusammengezogen. Ein Jahr lang war sie unglücklicherweise durch dieselbe Unentschlossenheit lahmgelegt. Was den Appetit der bosnischen Serben nur um so größer werden ließ. Doch «der Krug geht nur so lange zum Brunnen...» Im Frühjahr 1995 kommen die Luftstreitkräfte der UNO endlich zum Zuge. Eine Schnelle Interventionstruppe wird zur Verstärkung der von der serbischen Armee lächerlich gemachten «Blauhelme» eingesetzt. Durch Luftangriffe auf die serbischen Infrastrukturen, besonders um Sarajewo herum, wurde der Kampfgeist der Angreifer gebrochen. Wäre das doch drei Jahre früher geschehen! Nun führten die Kroaten und Bosnier ihrerseits siegreiche Angriffe auf die serbisch besetzten Gebiete. Es kam zu Friedensverhandlungen. Inzwischen hatte Milosevic, der Präsident eines vom

Embargo grausam getroffenen Serbien, seine umfangreiche Hilfe an die bosnisch-serbische Armee eingestellt.

Im September 1995 kommt es in dieser sinnlosen blutigen Auseinandersetzung zu einer Wende. Angesichts der Lähmung Europas greifen schließlich die Vereinigten Staaten ein. Sie halten die Parteien dieser Auseinandersetzung für reif zu einem Waffenstillstand: ein Blitzangriff Kroatiens ermöglichte die Rückeroberung sowohl der selbsternannten «serbischen Republik Krajina», die eigentlich kroatisches Gebiet ist, als auch eines Teils von Slawonien; und dieser endlose Streit macht aus dem Falken Milosevic eine Taube. In Wirklichkeit ist dieses Serbien, dessen Präsident er ist, von den vereinten Bemühungen des Krieges und des internationalen Embargos ausgeblutet.

Nun rufen die Vereinigten Staaten die Gegner zu einer Friedenskonferenz zusammen, die auf einem Militärgelände in Dayton (Ohio) stattfindet. Dank ihres großen Drucks auf die gegnerischen Parteien wird ein Friedensabkommen unterzeichnet.

Die Durchführung der Abkommen ist mühevoll und enttäuschend. Das Wesentliche ist jedoch, daß das Abkommen von Dayton den Krieg beenden konnte, ohne daß damit jedoch schon etwas über die Zukunft gesagt wäre. Die ethnischen Spaltungen bestehen weiter, sogar noch deutlicher als in der Vergangenheit. Serben, Kroaten und Muslime sind kaum zu einem Zusammenleben bereit, denn die Wunden sind noch zu frisch und zu schrecklich. Es wird viel Zeit nötig sein, um sie zu heilen.

Die jahrhundertealten Gegensätze sind durch die Wahlen nur noch verstärkt worden.

* * *

Nun aber eine tröstliche Feststellung: Während des ganzen tragischen Zwischenspiels dieses unerbittlichen Krieges haben die Wallfahrten nach Medjugorje nicht aufgehört. Der Zustrom von Pilgern flaute jeweils nur kurze Zeit ab. Stets waren aber einige Unerschrockene da, die sich von nichts aufhalten ließen. Humanitäre Hilfszüge, die meistens von Pilgern oder tatkräftigen Christen durchgeführt wurden, brachten buchstäblich Millionen von Tonnen Nahrung oder dringend benötigter Hilfsmittel nach Bosnien-Herzegowina. Die Friedenskönigin hat durch ihre Kinder die Wunden verbunden, die den so tragisch geprüften Völkerschaften zugefügt wurden.

Wenn das Böse auf dem Vormarsch ist, scheint Gott selbst eine Zeitlang hilflos zu sein. Denken wir nur an den Sohn Gottes beim Aufstieg nach Golgota. Doch am Ende ist der Sieg sein (vgl. Joh 16,33).

Infolge der Erscheinungen haben sich riesige Menschenmengen in der ganzen Welt zu Maria begeben. Sie haben auf die Botschaft aus der kleinen herzegowinischen Ortschaft zu hören begonnen. Sie läßt sich in fünf Worten zusammenfassen:

Gebet — Fasten — Umkehr — Versöhnung — Friede

Friede kann nur die Frucht daraus sein, daß die vier ersten Losungen von Medjugorje entschlossen befolgt werden. Am schwierigsten wird die *Versöhnung* sein. Vicka hat es verstanden: «Wenn die Gospa uns zu beten bittet, gilt das für jeden Menschen, wer immer er sei: Serbe, Moslem, Freund oder Feind. Wenn wir dem Nächsten, wer es auch sei, nicht zeigen, daß wir ihn lieben und für ihn beten, und wenn wir nicht ein Beispiel geben für Liebe und Vergebung, können die Auseinandersetzungen nicht aufhören. Es ist für uns wichtig, nicht an Rache zu denken.» Vicka schließt mit den Worten, die wie ein Widerhall auf die Worte von Golgota klingen: «Wir müssen vergeben und sprechen: "O Gott, ich danke dir für das, was meinem Volk geschieht, wir bitten dich für die Serben, weil sie wirklich nicht wissen, was sie tun."»

Damit ist alles gesagt. Diese Worte spiegeln das reine Evangelium wider. Sie stammen von einem jungen Mädchen, das seit zwölf Jahren von der Jungfrau Maria erzogen wird. Sie weisen eine selten dichte Spiritualität auf. Man ahnt, daß die Seher von Medjugorje beim Aufbau des Friedens zwischen den zerrissenen Völkern des ehemaligen Jugoslawien eine große Rolle zu spielen haben. Es wird eine lange, besonders schmerzvolle Entwicklung sein. An uns ist es jetzt, der Jungfrau Maria und den von ihr auserkorenen Sehern durch unser Beten und Fasten und eine echte Umkehr zu helfen, daß dieser entscheidende Auftrag zu Beginn des dritten Jahrtausends des christlichen Zeitalters zu einem guten Ende geführt wird.

Die Lage in diesem Teil des Balkans sieht unentwirrbar aus. Trotzdem sehnen sich die Völkerschaften nach Frieden. Wenn wir dem Problem auf den Grund gehen wollen, müssen wir uns erinnern, daß, jenseits des Aufeinanderpralls der Nationalismen und Volkszugehörigkeiten, Satan, «der nur zerstören möchte», der Hauptverursacher dieser irrationalen blutigen Auseinandersetzung ist. Gegen ihn gilt es, sich durch Gebet und Fasten zusammenzuschließen.

Das letzte Wort soll die allerheiligste Jungfrau Maria, die Friedenskönigin, haben:

«Heute, wie nie zuvor, rufe ich euch auf, für den Frieden zu beten, für den Frieden in euren Herzen, für den Frieden in euren Familien, für den Frieden in der ganzen Welt; denn Satan möchte den Krieg, möchte den Unfrieden, möchte all das zerstören, was gut ist. Deshalb, liebe Kinder, betet, betet, betet!» (25.3.1993).

III.

Schlußfolgerung

1. Maranatha!

Medjugorje, eine «unvollendete Symphonie»? (Abbé René Laurentin).

Juni 1981: Maria erscheint in einem marxistisch-leninistischen Land.

Oktober 1917: Maria hatte zum Gebet für Rußland aufgefordert, das unfreiwillige Werkzeug einer atheistischen Revolution, die die Welt überfluten sollte. Und die 1981 ihrem Ende zuneigt, nachdem sie Völker und Länder in vier Erdteilen verwüstet hat. Als die Ereignisse von Medjugorje eintraten, konnte noch niemand auf der ganzen Welt ahnen, daß das «Reich des Bösen» einige Jahre später in sich zusammenstürzen würde.

1981–1917: Sind das rein zufällige Daten? Ist der Platz der Mutter in dunklen Stunden nicht an der Seite ihrer Kinder? 1917 in Fatima, mit der Sorge um Rußland, das der Gottesmutter in seiner Liturgie eine so bedeutende Stellung einräumt? Und am anderen Ende des Jahrhunderts in Jugoslawien, an der Grenze zwischen dem riesigen atheistischen Herrschaftsbereich und der freien Welt, in einem Augenblick, wo geschichtliche Umwälzungen den in materialistischen Ideologien gefangenen Völkern in Ost und West eine unerwartete, unerhörte Erneuerung ermöglichten.

Man kann sich darin einig sein, daß die Erscheinungen von Fatima und Medjugorje sich aus gutem Grund in die Geschichte des 20. Jahrhunderts einreihen lassen. In einem Zeitalter, das den Bruch des Bundes zwischen Gott und der westlichen Gesellschaft, der Mutter der modernen Zivilisation, anscheinend vollendet. Dieser Bruch deutete sich seit dem 14. Jahrhundert an, nahm Gestalt an im 18. Jahrhundert, diesem stolz als «Aufklärung» bezeichneten Zeitalter, wurde im darauf folgenden Jahrhundert, dem Zeitalter der großen Umwälzungen, eingeführt und in dem unseren anscheinend zu Ende gebracht. Im Westen zeigt er sich als äußerste Verweltlichung. Im Osten als tödlicher Kampf gegen den religiösen Glauben, bis hin zum Zusammenbruch der marxistisch-leninistischen Ideologie.

Seitdem häufen sich die Anzeichen, daß die Menschheit an die Schwelle eines neuen Zeitalters gelangt ist. Eine Schwelle, die durchaus ein Weltende sein könnte. Mehr denn je müssen die Christen jenen Ruf zum Himmel richten, mit dem die Heilige Schrift endet: *«Maranatha!»* — Komm, Herr Jesus! — (Offb 22,20) und in sich dem unsere ganze Hoffnung ausdrückt.

Dies ist der rechte Augenblick, um auf Die zu schauen, die den Erlöser zur Welt gebracht hat. Immer häufiger besucht sie ihre Kinder auf der ganzen Welt. Sie erscheint zum letzten Mal, wie sie den Sehern von Medjugorje anvertraut hat (2.5.1982). In diesem letzten Abschnitt ihrer Erscheinungen kommt sie auf verschiedene Weisen: Maria erscheint der Menschheitsgeschichte in diesem entscheidenden Augenblick in mehreren Erdteilen an verschiedenen Orten. Sie bittet, fleht oder vergießt Tränen. Manchmal blutige Tränen. Wie erschreckend müssen sie sein, die Gefahren, die die Menschheit bedrohen!

Es bleibt uns nur noch wenig Zeit. Wir leben in einer außergewöhnlichen Gnadenzeit. Einer Zeit der Umkehr.

Durch Ereignisse, die von den Sehern angekündigt werden, kommen bald die drei Warnungen. Dann das große Zeichen über Medjugorje, das bleiben und für alle sichtbar sein wird. Man muß nicht erst dieses letzte Ereignis abwarten, um sich zu bekehren. Die Mutter Jesu Christi hatte den Auftrag, uns davor zu warnen. Man muß nur einmal einen vom Wort Gottes, und nicht vom Geist der Welt geformten, geschärften Blick auf seine Umgebung richten, um den Warnungen zu glauben, die wie ein Notschrei von der Mutter des Herrn und der Menschen kommen.

2. Das Schlußwort hat Maria

– *Bekehrt euch. Wenn das Zeichen kommt, ist es zu spät dazu. Vorher wird die Welt mehrere Vorankündigungen erhalten. Man soll sich schleunigst bekehren. Ich brauche eure Gebete und eure Buße* (25.4.1983).

* * *

– *Betet und fastet! Ich wünsche Demut von euch. Ihr könnt aber nur durch Gebet und Fasten demütig werden* (10.2.1984).

* * *

– *Ich möchte euch sagen, wie sehr mich euer Gebet erfreut hat* (4.10.1984).

* * *

– *Ich bin eure Mutter. Ich liebe euch. Dessen werde ich nie müde. Ich rufe euch selbst dann, wenn ihr meinem Herzen fern seid* (14.11.1985).

* * *

– Mit Liebe kann man das, was Satan zerstören möchte, zum Guten wenden (undatiert).

* * *

– Satan ist stark. Er möchte nicht nur Menschenleben zerstören, sondern auch die Natur und den Planeten, auf dem ihr lebt (25.1.1991).

* * *

– Heute rufe ich euch alle auf, daß ihr euch durch das Gebet Gott öffnet, damit der Heilige Geist in euch und durch euch anfange, Wunder zu wirken. Ich bin mit euch und halte bei Gott für jeden von euch Fürsprache, weil, liebe Kinder, jeder von euch in meinem Rettungsplan wichtig ist. (...) Betet und tut das, was euch der Heilige Geist eingibt (25.5.1993).

* * *

– Liebe Kinder, betet mit mir besonders für den Frieden (25.10.1990).

* * *

– Ich segne euch mit meinem mütterlichen Segen und lade euch alle zur Umkehr ein, (...) daß sich jeder von euch für die Veränderung seines Lebens entscheide und daß jeder von euch in der Kirche mehr tue, nicht nur durch Worte und Gedanken, sondern durch das Beispiel, so daß euer Leben ein freudiges Zeugnis für Jesus sei. Sagt nicht, daß ihr umgekehrt seid, da euer Leben zur täglichen Umkehr werden muß (25.2.1993).

* * *

– Gott ist der Friede selbst. Deshalb nähert euch Ihm durch euer persönliches Gebet, und dann lebt den Frieden in eurem Herzen. So wird der Frieden aus eurem Herzen wie ein Fluß in die ganze Welt strömen (25.2.1991).

* * *

– Meine lieben Kinder, hört und lebt, was ich euch sage; denn es ist wichtig für euch, wenn ich nicht mehr bei euch sein werde, daß ihr euch an meine Worte erinnert und an all das, was ich euch immer wieder gesagt habe (25.10.1992).

* * *

– Es gibt keinen Frieden, Kindlein, wo man nicht betet. (...) Durch das Gebet werdet ihr den Segen und den Frieden haben (25.3.1995).

* * *

– Ihr alle seid in meinem Herzen, ich trage euch im Herzen. Liebe Kinder, ich bitte euch, betet mehr. Ich brauche eure Gebete (22.6.1996).

* * *

– Es gibt keinen Frieden, wo man nicht betet, und keine Liebe, wo kein Glaube ist (25.3.1995).

* * *

Öffnet eure Herzen und laßt mich eintreten. Betet, denn im Gebet bin ich mit euch. Betet und laßt euch führen. Ich führe euch zum Frieden und zum Glück (18.3.1992).

* * *

– Ich wünsche, daß jeder von euch ein Heiliger wird (9.10.1986).[8]

3. Was ist aus den Sehern geworden?

Ivan (geb. 1965)

Entschied sich nach anfänglicher Neigung zum Priesterberuf und ausgedehnten Vortragsreisen 1992 und 1993 in den Vereinigten Staaten, Australien, Neuseeland und den Philippinen für die Heirat. 1994 heiratete er die Amerikanerin Laureen Murphy aus Boston. Sie leben in Medjugorje und haben eine Tochter, Kristina Maria. Ivan hat weiterhin häufig Erscheinungen.

Ivanka (geb. 1966)

Die Mutter von drei Kindern lebt in einem einzeln stehenden Haus nahe Medjugorje. Sie hat noch immer eine Erscheinung im Jahr, am 25. Juni. Sie hält sich bewußt zurück und bleibt der Menge fern.

Mirjana (geb. 1965)

Die einzige Akademikerin unter den Sehern ist so zurückhaltend wie Ivanka; Befragungen weicht sie aus. Als Ehefrau und Mutter von zwei Kindern achtet sie auf ein ungestörtes Familienleben. Einmal im Jahr, an ihrem Geburtstag am 18. März, hat sie eine Erscheinung.

Marija (geb. 1965)

Sie ist unter den Sehern die am stärksten in sich gekehrte und hatte lange von ihrer religiösen Berufung gesprochen. Im Mai 1993 hat sie jedoch den Italiener Paolo Lunetti geheiratet. Sie ist Mutter von drei Söhne. 1996 rettete sie ihrem Bruder durch eine Nierenspende

---

8 Hört täglich auf die Botschaften, die Maria in Medjugorje gegeben hat; nehmt sie auf, als seien sie euch persönlich zugesprochen.

das Leben. Die Jungfrau Maria erscheint ihr immer noch regelmäßig.

Jakov (geb. 1971)

Jakov, der zu Beginn der Erscheinungen zehn Jahre alt war, hat 1993 die Italienerin Anna-Lisa Barozzi geheiratet. Das Paar hat eine Tochter, Ariana Maria, und einen Sohn, David. Hat er noch Erscheinungen? «Wenn ich bete», sagt er. Er hat ein Haus gegenüber von Ivan gebaut.

Vicka (geb. 1964)

«Vicka ist so schnell vorangekommen wie ein zum Himmel geschossener Pfeil. Sie ist Gott und den Menschen vollkommen hingegeben; das ist für sie dasselbe» (Abbé René Laurentin). Sie war in der schlimmsten Kriegszeit ganz großartig. Sie befaßt sich mit wichtigen Dingen wie der weltweiten Mobilmachung der Kinder, damit sie für den Frieden beten; mit Maßnahmen für Drogenabhängige und besonders mit der Versöhnung zwischen Kroaten, Muslimen und Serben. «Die Jungfrau Maria sagt, daß wir alle vor Gott Geschwister sind. Bei ihm gibt es keine Serben, Kroaten oder Italiener, sondern nur Seine Kinder.»

Jelena (geb. 1971)

Nach ihrem Studium an der Franziskanischen Hochschule Steubenville (Ohio), einer sehr frommen Hochschule, an der zwei Drittel der Studenten täglich an der Eucharistiefeier teilnehmen, geht Jelena an die Gregoriana, eine Hochschule in Rom. Sie hat weiterhin von Schauungen begleitete innere Ansprachen. Sie ist beschaulich veranlagt.

Marijana (geb. 1973)

hatte, wie ihre Freundin Jelena, als Jugendliche innere Ansprachen und macht noch immer mystische Erfahrungen. Sie hat Mario Juricic, Taxifahrer in Citluc, geheiratet.

4. Worte über Medjugorje

Johannes Paul II. zu Msgr. Hnilica: «Wenn ich nicht Papst wäre, würde ich schon längst nach Medjugorje gegangen sein» (1989).

Kardinal Tomasek, Erzbischof von Prag (+1990): «Ich persönlich bin zutiefst von der Echtheit der Erscheinungen von Medjugorje überzeugt. Es ist die Fortsetzung von Lourdes und Fatima» (1989).

Kardinal Siri, Erzbischof von Genua: «Ich stelle nur eines fest: Viele gehen von Genua nach Medjugorje als Heiden und kommen mit dem Rosenkranz in der Hand zurück» (1987).

Mutter Teresa: «Wie gern würde ich der Gottesmutter in Medjugorje für alle die Gnaden danken, die ich empfangen habe!» (1989).

Msgr. Franic, Erzbischof von Split: «Ich habe Tausende von Pilgern gesehen, dazu ungefähr zwanzig Bischöfe aus Deutschland, Italien, Frankreich, Amerika oder Ägypten, die privat nach Medjugorje fuhren... Getröstet und begeistert kamen die Pilger von dort zurück» (1987).

IV.
Gebete

Zwei Novenen zu Unserer Lieben Frau von Medjugorje

Was ist eine Novene?

Die Gebetsnovene entspricht einer sehr alten kirchlichen Überlieferung. Man hält eine Novene in der Absicht, den Himmel neun Tage lang mit Fürbittgebeten zu bestürmen, die ein für wichtig erachtetes Anliegen enthalten, wie schwere Krankheit, den Verlust eines geliebten Menschen vor kurzer Zeit, Uneinigkeit in der Familie, eine Umkehr, den Erfolg einer entscheidenden Unternehmung und so weiter.

Jede Novene verfolgt ein geistliches oder materielles Ziel. Nichts in unserem Leben ist dem Vater im Himmel gleichgültig und erst recht nicht fremd. Er gewährt uns jede Gnade, jede Gabe, die unser geistliches Wachstum begünstigt. Vorausgesetzt, wir bitten ihn darum. *«Bittet, dann wird euch gegeben»* (Mt 7,7). Der himmlische Vater überhäuft seine Kinder so gern mit seinen Wohltaten. Er erhört unsere Gebete zu seiner Stunde, die nicht unbedingt die unsere ist, und auf seine Weise, die nicht immer unseren Absichten entspricht, von der wir aber sicher sein dürfen, daß sie zu uns zum Guten gereicht. *«Denen, die Gott lieben, gereicht alles zum Guten»* (Röm 8,28). Eine Novene bringt schöne Früchte hervor, wenn sie inbrünstig und in vollkommener Hingabe an den Willen Gottes gehalten wird.

Die Früchte werden um so reichlicher sein, wenn einer solchen Novene die Fürsprache der Seligen Jungfrau Maria, der Friedenskönigin, zugute kommt.

Die Novene als Dauerzustand des Betens

Eine Novene besteht aus zwei verschiedenen, aber unzertrennlichen Teilen:

1. den eigentlichen Gebeten der Novene;
2. dem Zustand ständigen Betens.

Die eigentlichen Gebete der Novene werden in irgendeinem günstigen, von Mensch zu Mensch verschiedenen Augenblick des Tages gesprochen. Sie bestehen aus:

1. dem Tagesgebet, gefolgt von einer kurzen Besinnung, die eine Herzensgemeinschaft mit Jesus und seiner allheiligen Mutter sein soll;
2. einem Vaterunser, Gegrüßet seist du, Maria... und Ehre sei dem Vater..., gefolgt von einem persönlichen, vom Tagesgebet angeregten Entschluß;
3. der Weihe an das Herz Jesu durch Maria.

Es ist gut, ja sogar unentbehrlich, während der Novene einmal monatlich die hl. Kommunion zu empfangen. Oder häufiger, wenn es die Umstände erlauben. Die Novene bietet außerdem eine gute Gelegenheit zu beichten.

So werden während der Novene einmal täglich neun Tage nacheinander die eigentlichen Gebete der Novene gesprochen, in denen die zugrundeliegenden Anliegen zum Ausdruck kommen. Darüber hinaus versetzt man sich in einen Dauerzustand des Betens.

Was bedeutet das? Wie ein Kind ständig seine Bitten an den Vater und die Mutter richtet, weil es vollkommen von ihnen abhängig ist, so halten wir es in unserer Beziehung zu Gott, dem wir alles verdanken und von dem wir vollkommen abhängig sind. Es gibt jedoch wichtige oder ernste Augenblicke, Umstände oder Ereignisse, in denen unser Bitten dringlich, entscheidend und wesentlich werden muß. Dann greift man zur Novene. Dabei genügt es nicht, einmal täglich mehr oder weniger eifrig die Gebet der Novene zu sprechen. Es ist gut, sich in einen Dauerzustand des Betens zu versetzen, einen «Novenenzustand».

Im Laufe der neun Tage schickt man immer wieder ein kurzes Flehen zum Herrn empor, einen Anruf oder eine Erinnerung an die Sache, an das Anliegen der Novene. Einen kleinen Augenblick lang, der die gegenwärtige Arbeit unterbricht, und möglichst oft. Wenn es sich um eine Danknovene handelt, sendet man auf diese Weise seine Danksagung zum Himmel.

Man muß die Novene so halten, wie man reine Luft einatmet. Wie der Leib die ständige Atmung nötig hat, braucht die Seele während der Novene im Lauf des Tages — jeweils einen Atemzug lang — das wiederholte Gebet. Man zieht zweifachen Nutzen daraus: das Gebet findet zum Ziel, und das innerliche Leben, der Gebetsgeist, wird vertieft.

Man beginnt eine Novene, weil man den Herrn dringend um etwas bitten oder anflehen möchte. Die Novene zu Unserer Lieben Frau des Friedens umfaßt zwei Anliegen; der Gläubige verfolgt zwei Ziele:

1. *Das allgemeine Anliegen*, das die Kirche oder die Menschen in ihrer Gesamtheit betrifft. Dieses im Titel des Tagesgebets ausgesprochene Anliegen ist *katholisch* im eigentlichen Sinn des Wortes, das heißt allumfassend. Es macht unser Herz so weit wie die Kirche und die Welt.

2. *Das persönliche Anliegen*. Es geht dabei um eine große oder sogar überwältigende, schmerzliche Sorge, die man

auf dem Herzen hat. Dieses persönliche Anliegen wird an jedem Tag der Novene ausgesprochen.

Die Novene wird Gott noch angenehmer sein, wenn wir ihm auf diese Weise neben unserem persönlichen Anliegen, das uns beschäftigt und manchmal quält, zugleich eines der großen Anliegen vortragen, das Maria uns — täglich jeweils eins — in Medjugorje bekanntgegeben hat. Einer Novene, die erhört wurde, sollte eine Danknovene folgen.

Erste Novene

Erster Tag

Der himmlische Vater

Die Gute Nachricht vom Heil gipfelt in der Verkündigung der göttlichen Vaterschaft. Gott ist unser Vater. Ein Vater, der die Liebe und Barmherzigkeit selber ist. Das ist das eigentliche, innerste Wesen seiner Göttlichkeit. Wenn wir berufen sind, Gott unserem Vater immer ähnlicher zu werden, so ist die Liebe der einzige Weg dazu. Wir sollen durch unser Leben immer sichtbarer Gottes Prägung annehmen. Durch Jesus sind wir in die göttliche Kindschaft hineingenommen. In Jesus rufen wir unter der Eingebung des Heiligen Geistes das Wort der Liebe schlechthin: «Abba — lieber Vater!»

Damit Jesus immer stärker in uns — in mir — leben kann, müssen wir uns rückhaltlos Maria, seiner allheiligen Mutter, hingeben, die sagt: *«Ich lehre euch die Liebe und zeige euch, daß euch unser geliebter Vater seine Liebe geschenkt hat; nicht ihr habt ihn zuerst geliebt. Zu eurer Rettung hat er seinen Sohn hingeopfert. Liebt, und fürchtet euch nicht: in der Liebe ist keine Furcht. Wenn eure Herzen sich dem Vater öffnen, sind sie voll Liebe zu ihm, warum sich dann fürchten vor dem, was noch kommt? Ich führe euch zur Liebe, zu unserem geliebten Vater. Ich führe euch zum ewigen Leben»* (18.3.1995).

- Sinnt über diese Worte Marias nach.
- Betet mit dem Herzen das Glaubensbekenntnis, das Vaterunser, Gegrüßet seist du Maria und das Ehre sei dem Vater.
- Lebt den Tag hindurch stärker nach diesen Worten.

Zweiter Tag

Der Sohn Gottes

Der eingeborene Sohn Gottes, der von Maria geborene Jesus ist auch «Menschensohn». Jesus Christus bringt in uns den Glauben hervor. Er legt auch den Grund dafür. In Jesus und durch ihn werden wir zu Gott dem Vater geführt. Maria aber führt uns am sicherten zu Jesus, der Mitte und Ursache des Heils. Die Jungfrau und die Mutter des Heiligen Geistes, der die Quelle des neuen Lebens in uns ist, ist auch die Mutter der Kirche, des mystischen Leibes Christi, ihres Sohnes. In ihr lebt die Fülle des Glaubens.

Wir wollen auf diese, ihre Kinder liebende Mutter hören; sie enthüllt uns die sichersten Wege zum Glauben und auch die Mittel, um dorthin zu gelangen, zu unserer größeren Freude: *«Ich führe euch zum ewigen Leben, zu meinem Sohn, der das ewige Leben ist. Empfangt ihn, und ihr habt die Liebe empfangen»* (25.9.1995). *«Öffnet Jesus die Tür eures Herzen, wie die Blume sich der Sonne öffnet. Jesus will es mit Frieden und Freude erfüllen. Ihr könnt keinen Frieden in euch haben, wenn ihr nicht mit Jesus im Frieden seid. Darum lade ich euch zur Beichte ein, damit Jesus eure Wahrheit und euer Friede sei»* (25.1.1995). *«Verliebt euch in das allerheiligste Sakrament des Altars. Betet es in euren Pfarreien an; so werdet ihr mit der ganzen Welt verbunden sein. (...) Wenn ihr Jesus anbetet, seid ihr auch mir nahe»* (25.9.1995).

- Sinnt über diese Worte Marias nach.
- Betet mit dem Herzen das Glaubensbekenntnis, das Vaterunser, Gegrüßet seist du Maria und das Ehre sei dem Vater.
- Lebt den Tag hindurch stärker nach diesen Worten.

Dritter Tag

Der Heilige Geist

Seit der Erschaffung der Welt wirkt der Heilige Geist über dem Chaos und gibt ihm die Ordnung der Liebe. Er verwirklicht Gottes Werke durch die Menschen. Er gibt den verdorrten Knochen Leben (Hes 37). Er macht Gottes Gegenwart im Menschenherzen kund. Durch den Heiligen Geist treibt Jesus den Geist des Bösen in uns aus. Als Geist der Wahrheit erinnert er uns an alles, was Jesus uns durch seine Apostel gesagt hat. Der lebenspendende Geist, den Jesus uns in der Taufe gegeben hat, macht neue Menschen aus uns, die imstande sind, Gottes Agape, die Liebe, hier auf Erden zu leben.

Voll der Gnade lädt Maria uns ein, daß wir uns dem Heiligen Geist unaufhörlich aussetzen, um von ihm die Gaben, die Ausgießung des glühenden Lebens zu empfangen, an dem Jesus uns so brennend gern Anteil geben möchte. So werden wir Christi Zeugen sein, Bauleute des Gottesreiches auf Erden. Maria sagt: *«Es ist wichtig, den Heiligen Geist zu bitten, daß er auf euch herabkommt. Wenn man den Heiligen Geist hat, hat man alles»* (21.10.1983). *«Beginnt den Tag mit der Anrufung des Heiligen Geistes»* (Advent 1983). *«Bekehrt euere Herzen zum Gebet und verlangt nach der Ausgießung des Heiligen Geistes, denn in dieser Zeit, da Satan am Werk ist, zieht Gott euch an sich»* (9.5.1983) *«Seid viele, damit er sich über die Kirche ausbreitet»* (4.4.1983).

- Sinnt über diese Worte Marias nach.
- Betet mit dem Herzen das Glaubensbekenntnis, das Vaterunser, Gegrüßet seist du Maria und das Ehre sei dem Vater.
- Lebt den Tag hindurch stärker nach diesen Worten.

Vierter Tag

Das Wort Gottes

Die Heilige Schrift teilt den Menschen Gottes Gedanken und seinen Liebesplan mit. Ein Herz, das sich dem Wort Gottes öffnet, verstärkt das göttliche Eingreifen in sein Leben. Ein schöpferisches Wirken von Frieden und Freude. So wird die Seele mit Gott vertraut; sie wird mehr und mehr seine Heiligkeit widerspiegeln und so die Verheißung des Herrn verwirklichen: *«Ihr sollt heilig sein, weil Ich heilig bin»* (Lev 11,45). So fügt sie sich in die Fülle

Christi ein und bildet eine lebendige, fruchtbare Zelle der Kirche, des Leibes Christi.

Maria besteht auf den Früchten, die die tägliche Besinnung über das Wort Gottes bringt: *«Macht euch einen persönlichen Gebetsplan. Nehmt einen Augenblick am Morgen, lest einen Abschnitt aus der Heiligen Schrift, verankert das göttliche Wort in eurem Herzen und bemüht euch, den Tag über davon zu leben, besonders im Augenblick einer Prüfung. So werdet ihr stärker als das Böse»* (19.4.1984). *«Ich lade euch ein, mehr Glauben und Vertrauen in Gott zu haben. Er liebt euch ohne Maßen. Ihr versteht nicht, in Gottes Gnade zu leben, daher rufe ich euch alle nochmals auf, Gottes Wort in eurem Herzen und Denken zu bewahren. Legt die Heiligen Schriften sichtbar in eurer Familie aus. Lest sie und lebt danach»* (25.8.1996).

– Sinnt über diese Worte Marias nach.
– Betet mit dem Herzen das Glaubensbekenntnis, das Vaterunser, Gegrüßet seist du Maria und das Ehre sei dem Vater.
– Lebt den Tag hindurch stärker nach diesen Worten.

Fünfter Tag

Gottes Plan

Als Gott die Menschen nach seinem Bilde schuf (Gen 1,27), hatte er sich zum letzten Ziel gesetzt, sie wie ein Vater seine Kinder alle zu einem ewige Glück um sich zu versammeln. Dadurch daß er sie frei erschaffen hat, läßt er die Entscheidung darüber bei ihnen. Sich für Gott und die ewige Glückseligkeit entscheiden heißt, nach dem Denken Gottes zu leben, wie es von der Schrift offenbart wird. Leben nach dem ehernen Gesetz vom Sinai — den Zehn Geboten — und nach der von Jesus, dem menschgewordenen Gott, verkündeten Zärtlichkeit der Seligpreisungen. Wer um diese Gnade bittet, empfängt sie. Das ist der Kern des Planes Gottes, des Schöpfers des Alls.

Die Teilnahme an Gottes Plan bedeutet für uns nicht nur, daß wir frei über unser persönliches Schicksal entscheiden, sondern wir sind zugleich aufgerufen, tatkräftig an der Verwirklichung der allumfassenden Absichten Gottes mitzuwirken. Maria besteht auf diesem Auftrag und wiederholt damit die Worte ihres Sohnes: *«Ihr sollt meine Zeugen sein»* (Apg 1,8). Seine wichtigen Zeugen überall auf der Welt:

«Bittet mit mir, daß sich dank eurer und meiner Gebete der Plan Gottes verwirklicht» (24.10.1984). *«Gott hat jeden von euch auserwählt, um ihn für den großen Erlösungsplan der Menschheit einzusetzen. Ihr könnt nicht erkennen, wie groß eure Rolle im Plan Gottes ist. Deshalb betet, damit ihr im Gebet den Plan Gottes mit euch verstehen könnt. Ich bin mit euch, daß ihr ihn vollkommen verwirklichen könnt»* (25.1.1987).

- Sinnt über diese Worte Marias nach.
- Betet mit dem Herzen das Glaubensbekenntnis, das Vaterunser, Gegrüßet seist du Maria und das Ehre sei dem Vater.
- Lebt den Tag hindurch stärker nach diesen Worten.

Sechster Tag

Liebe und Friede

Friede ist nicht nur, wenn es keine Auseinandersetzungen oder Störungen gibt; er ist nicht das Ergebnis eines stets empfindlichen Gleichgewichts der jeweiligen Interessen. Im biblischen Sinn ist er Leben in Fülle. Gott allein, der Liebe ist, besitzt diese Fülle; er bietet sie allen Menschen an, die durch ein Leben der Liebe seine Heiligkeit widerspiegeln. Was Liebe ist, lehrt Jesus uns durch sein Leben und die Gute Nachricht; der heilige Paulus zeigt sie deutlich auf (1 Kor 13).

Der Friede ist mit der Liebe verbunden wie der Baum mit dem Samen, aus dem er entstand. Maria besteht fest auf der Beziehung zwischen Frieden und Liebe; zwischen ihnen besteht ein Band von Ursache und Wirkung. Sie sagt: *«Die Liebe ist eine Gottesgabe. Bittet, daß Gott euch Liebesfähigkeit schenkt»* (28.5.1985). *«Friede, Friede, nur Friede! Die Menschen sollen sich mit Gott und untereinander versöhnen. Dazu muß man glauben, beten, fasten und beichten»* (27.6.1981). *«Verbreitet Eintracht und Frieden, dort wo ihr lebt. Euer einziges Mittel sei immerzu die Liebe. Durch Liebe verwandelt ihr in Gutes, was Satan zerstören und an sich reißen möchte. So werdet ihr mir ganz gehören, und ich kann euch helfen»* (31.7.1986).

- Sinnt über diese Worte Marias nach.
- Betet mit dem Herzen das Glaubensbekenntnis, das Vaterunser, Gegrüßet seist du Maria und das Ehre sei dem Vater.
- Lebt den Tag hindurch stärker nach diesen Worten.

Umkehr und Versöhnung

Sich bekehren heißt, sich durch eine völlige Neuausrichtung zu Gott umdrehen. Eine Umkehr kann zweierlei bedeuten: Entweder ein Ungläubiger entdeckt Gott und kommt zum Glauben, oder ein Gläubiger hat sich durch eine Sünde von Gott abgewandt und kommt durch das Sakrament der Versöhnung zu ihm zurück. Maria spricht zu uns besonders von der letzteren Form. Die Umkehr führt zu einem Sinneswandel, der «Metanoia», und zu einer Richtungsänderung durch die Reue. Sie bildet den Inhalt der Predigt des Täufers Johannes; sie hat auch einen hohen Stellenwert in der Lehre Jesu, wo sie von dem Gleichnis vom barmherzigen Vater wunderbar veranschaulicht wird. Die Umkehr muß täglich neu geschehen; so führt sie allmählich zu einer vollkommenen Veränderung des Lebens, durch die man aus der Finsternis ins Licht gelangt (Joh 12,35), und sie macht den neuen Menschen kund, der *«nach Gott geschaffen ist in Wahrheit und Gerechtigkeit»* (Eph 4,24). Sie versöhnt mit Gott, sich selbst und den anderen. Maria erklärt, daß dies ihre wichtigste Botschaft ist: *«Ich lade euch ein, euch zu bekehren. Das ist die wichtigste Botschaft, die ich euch hier gegeben habe»* (25.2.1996). *«Ihr sprecht viel über Gott, aber ihr gebt nur wenig Zeugnis mit eurem Leben. Entscheidet euch für die Umkehr, damit euer Leben wahrhaftig sei vor Gott, so daß ihr in der Wahrheit eures Lebens die Schönheit, die Gott euch geschenkt hat, bezeugt»* (25.7.1996). *«Sucht demütig danach, was in euren Herzen nicht in Ordnung ist, und dann werdet ihr begreifen, was ihr tun müßt. Die Umkehr soll eine tägliche Aufgabe sein, die ihr mit Freuden erfüllt. Werdet meine Zeugen durch Gebet und persönliche Umkehr»* (25.4.1996).

- Sinnt über diese Worte Marias nach.
- Betet mit dem Herzen das Glaubensbekenntnis, das Vaterunser, Gegrüßet seist du Maria und das Ehre sei dem Vater.
- Lebt den Tag hindurch stärker nach diesen Worten.

Achter Tag

Gebet und Fasten

Im Alten Testament gewinnt das Fasten zunehmend an Bedeutung. Es ist ein Teil der Buß- und Trauerriten. Nach der Verbannung wurden vier Fastentage zur Erinnerung an die Leiden des Volkes Israel eingeführt. Die Urkirche übernimmt die Übung des Fastens. In der neueren Zeit wurde das Fasten allmählich von der Gesetzlichkeit der Durchführungsbestimmungen erstickt. Die Konsumgesellschaft hat ihr den Gnadenstoß versetzt. Dank der wiederholten dringenden Aufrufe Marias lebt das Fasten in der Kirche heute zaghaft wieder auf. In der Bibel ist Fasten stets mit Beten und Teilen verbunden. Das hat bewundernswerte, manchmal sogar wunderbare Auswirkungen; Maria sagt:

«Ich wünsche Demut von euch. Ihr könnt aber nur durch Gebet und Fasten demütig werden» (10.2.1984). *«Durch Fasten und Beten können Kriege beendet und die Naturgesetze aufgehoben werden»* (21.7.1984). *«Wahres Fasten besteht in dem Verzicht auf jegliche Sünde, aber man muß*

dabei auch den Leib beteiligen» (Dez. 1983). *«Wer nicht fasten kann, soll es durch Gebet, Liebeswerke und eine gute Beichte ersetzen»* (21.7.1982).

Der hl. Athanasius (295-373), einer der bedeutendsten Kirchenväter, schreibt: *«Das Fasten heilt Kranke, es trocknet jeden krankhaften Körperausfluß aus. Es stößt die Dämonen zurück und treibt ungesunde Gedanken aus. Es klärt den Geist und reinigt das Herz. Es heiligt den Leib und bringt den Menschen vor Gottes Thron. Das Fasten ist eine starke Kraft. Es führt zu großem Erfolg.»*

- Sinnt über diese Worte Marias nach.
- Betet mit dem Herzen das Glaubensbekenntnis, das Vaterunser, Gegrüßet seist du Maria und das Ehre sei dem Vater.
- Lebt den Tag hindurch stärker nach diesen Worten.

Neunter Tag

Maria, unsere Mutter

Vor seinem Tod am Kreuz hat Jesus seine Mutter zur allumfassenden Mutterschaft erhoben. Durch den Apostel Johannes hat er alle seine damaligen und zukünftigen Jüngerinnen und Jünger seiner Mutter anvertraut. Jede Mutterschaft ist einzigartig. Wenn Maria die Mutter der Kirche ist, so ist sie die «Mutter der Lebenden» (hl. Hieronymus), welche durch die Taufe erneuert worden sind. Die Taufe läßt uns in Jesus Christus leben, der selbst der Sohn Gottes und Marias, der Mutter aller Getauften, ist.

Wenn ein Mensch voller unsäglichem Liebesdrang leise «Abba — lieber Vater !» sagt, weil er in der Vertrautheit mit dem himmlischen Vater lebt, so läßt die gleiche Vertrautheit mit Maria die verliebtesten ihrer Kinder sie bei dem zärtlichen Namen «Mama» rufen. Eine solche Vertrautheit wird durch ihre eigenen Worten bestätigt und gerechtfertigt: *«Ich bin eure Mutter, ich liebe euch»* (14.11.1985). *«Wenn ihr wüßtet, wie sehr ich euch liebe, würdet ihr weinen»* (Juni 1985). *«Ich bin eure Mutter voller Güte, und Jesus ist euer großer Freund»* (29.11.1983). *«Ich bin eure Mutter, ich wünsche, daß ihr dem himmlischen Vater ganz nah seid, damit ihr seine Gaben in Fülle erhaltet»* (31.1.1985). *«Ich bin eure Mutter, ich will euch dadurch helfen, daß ich Gott um Gnade für euch bitte»* (25.9.1996). *«Ich liebe euch alle gleich»* (31.10.1985). *«Ich möchte jedem Herzen das Zeichen der Liebe einprägen»* (16.1.1984). *«Ich liebe euch. Liebt mich. Liebt einander»* (5.10.1984).

- Sinnt über diese Worte Marias nach.
- Betet mit dem Herzen das Glaubensbekenntnis, das Vaterunser, Gegrüßet seist du Maria und das Ehre sei dem Vater.
- Lebt den Tag hindurch stärker nach diesen Worten.

Zweite Novene zu Unserer Lieben Frau des Friedens

Erster Tag

«Dein Reich komme»

Herr Jesus, du hast uns das «Geheimnis des Reiches Gottes» (Mk 4,11) offenbart und bittest uns zu verkündigen, «daß das Himmelreich nahe ist» (Mt 10,7). Es ist in greifbarer Nähe. Es genügt, daß wir es wie ein kleines Kind annehmen (vgl. Mk 10,15). Dazu müssen wir nach deinem Beispiel «sanft und von Herzen demütig» werden (Mt 11,29). Je mehr deiner Jünger diese Tugenden ausstrahlen, desto sichtbarer wird das Gottesreich für die Augen der Welt werden.

Selige Jungfrau Maria, du lädst uns ein, *«Gott in unserem Leben den ersten Platz einzuräumen»* (25.3.1995) und in deinen Händen ein Werkzeug zum Heil der Welt zu werden (23.3.1994). Du verpflichtest uns, dort *«Friede zu werden, wo keiner ist, und dort Licht zu werden, wo Finsternis ist»* (25.2.1995). Das erreiche ich nur durch Liebe. Bitte für mich bei deinem Sohn, daß er mir die Gnade gewährt, nach seinem Beispiel *«sanft und von Herzen demütig»* zu werden. Ich habe den Willen dazu, aber ich weiß, wie schwach er ist. Unter deiner mütterlichen Führung will ich nach und nach ein gutes Werkzeug in deinen Händen werden, damit ich durch meine Gebete und mein Wesen zur Offenbarung des *«Geheimnisses des Gottesreichs»* bei allen Menschen, mit denen ich zu tun habe, beitragen kann. Dieselbe Gnade möge allen Jüngern deines Sohnes reichlich gewährt werden.

Während dieser ganzen Novene vertraue ich deiner Fürsprache die folgende persönliche Bitte an: … *(An dieser Stelle bringt man sein Anliegen vor.)* Trage sie vor den Allmächtigen, damit er mein Gebet erhört. Möge ich so in seiner Liebe wachsen, indem ich selbst allmählich in Liebe verwandelt werde. Amen.

1. Dieses Gebet ergänze man durch eine kurze Besinnung, die eine Herzensgemeinschaft mit Jesus und seiner allheiligen Mutter sein soll.
2. Sprich ein Vaterunser, ein Gegrüßet seist du, Maria und ein Ehre sei dem Vater, darauf eine persönliche, vom Tagesgebet angeregte Entschließung.
3. Weihegebet an das Herz Jesu durch Maria.
4. Achte darauf, im «Novenenzustand» zu bleiben.

Zweiter Tag

Der Friede Christi

Herr Jesus, bei dem Letzten Mahl, das du vor deinem Kreuzestod und deiner Auferstehung mit deinen Jüngern gehalten hast, hast du uns gesagt: *«Frieden hinterlasse ich euch, meinen Frieden gebe ich euch»* (Joh 14,27). Du allein, Friedensfürst, bist seine Quelle. Auf dem Berg der Seligpreisungen hast du kundgegeben: *«Selig die Friedensstifter, denn sie werden Kinder Gottes genannt werden»* (Mt 5,9). Gewähre mir die Gnade, Herr, daß ich mich zu ihnen rechnen darf, indem du mich dem Bild von mir, das du in deinem Herzen trägst, immer ähnlicher machst.

Friedenskönigin, unter Tränen flehst du uns an: *«Friede, Friede, Friede! Versöhnt euch!»* (26.6.1981). Bitte deinen Sohn für mich, daß er mir in vollem Maß und dauerhaft die Gnade schenke, in meiner Familie und meiner Umgebung ein Friedensstifter zu sein. Du zeigst mir den Weg dorthin: *«Öffnet Jesus die Tür eures Herzens, wie sich die Blume der Sonne öffnet.»* Und du fügst die ermutigenden Worte hinzu: *«Jesus will euer Herz mit Frieden und Freude erfüllen»* (25.1.1995). Unter einer Bedingung, der Liebe. *«Ohne Liebe»*, sagst du, *«könnt ihr den Frieden nicht leben. Die Frucht des Friedens ist die Liebe, und die Frucht der Liebe ist die Versöhnung»* (25.1.1996).

Verkläre mein ganzes Wesen, Herr, damit ich nach deinem und deiner allheiligen Mutter Beispiel Liebe werde und so in deinen Händen ein echter Friedensstifter sein kann.

Während dieser ganzen Novene vertraue ich deiner Fürsprache die folgende persönliche Bitte an: … *(An dieser Stelle bringt man sein Anliegen vor.)* Trage sie vor den Allmächtigen, geliebte Mutter, damit er mein Gebet erhört. Möge ich so in seiner Liebe wachsen, indem ich selbst allmählich als Friedensstifter in seinem Dienst in Liebe verwandelt werde. Amen.

1. Halte eine kurze Besinnung in Herzensgemeinschaft mit Jesus und seiner allheiligen Mutter.
2. Sprich ein Vaterunser, ein Gegrüßet seist du, Maria und ein Ehre sei dem Vater, darauf eine persönliche, vom Tagesgebet angeregte Entschließung.
3. Sprich das Weihegebet an das Herz Jesu durch Maria.
4. Achte darauf, im «Novenenzustand» zu bleiben.

Dritter Tag

Die Kirche, Mutter der Menschen und Familie Gottes

Herr Jesus, du bist das Licht der Völker. Du wurdest vom Vater gesandt und hast durch die Kirche das Himmelreich auf Erden gegründet. Alle Menschen sind dazu eingeladen. *«Wenn ich über die Erde erhöht bin, werde ich alle an mich ziehen»* (Joh 12,32), sprachst du am Ende deiner öffentlichen Sendung beim messianischen Einzug nach Jerusalem. Herr, heilige deine Kirche durch eine immer feurigere Ausgießung des Geistes des Lebens, der sprudelnden Quelle ewigen Lebens. Gewähre mir die Gnade, den Heiligen Geist in meinem Herzen wie in einem Tempel zu empfangen, damit Er in mir betet und mein Dasein als Gottes Adoptivkind bestätigt. Möge ich im Heiligen Geist ein lebendiger Funke des Feuers sein, das auf die Erde zu werfen du gekommen bist (vgl. Lk 12,19).

Selige Jungfrau Maria, Mutter der Kirche und Mutter der Menschen, du lebst im Glühen der Allerheiligsten Dreifaltigkeit, die die Liebe selbst ist. Übertrage dieses Liebesfeuer kraft deiner Mutterliebe auf mich; du hast uns ja offenbart: *«Wenn ihr wüßtet, wie sehr ich euch liebe, würdet ihr weinen»* (1.3.1982). Erlange mir die Gnade der Unterscheidung der echten Liebe in meinem Alltag, wie sie der Apostel uns erklärt hat (1 Kor 13), sowie die Kraft der Entsagung, um dementsprechend leben zu können. Ich bitte auch um die Gnade eines festeren Glaubens und eines größeren Gebetseifers. Du warnst uns: *«Es gibt kei-*

nen Frieden, wo man nicht betet, und keine Liebe, wo kein Glaube ist» (25.3.1995). So werde ich ein lebendiger Stein in der Kirche sein, die die Mutter der Menschen und die Familie Gottes ist.

Während dieser ganzen Novene vertraue ich deiner Fürsprache die folgende persönliche Bitte an: … *(An dieser Stelle bringt man sein Anliegen vor.)* Bitte den Allmächtigen, geliebte Mutter, daß er mein Gebet erhört. Möge ich so in seiner Liebe wachsen, indem ich selbst, als Glied der Kirche, des Leibes Christi und der Familie Gottes, allmählich in Liebe verwandelt werde. Amen.

1. Kurze Besinnung in Herzensgemeinschaft mit Jesus und seiner allheiligen Mutter.
2. Ein Vaterunser, ein Gegrüßet seist du, Maria und ein Ehre sei dem Vater, darauf eine persönliche, vom Tagesgebet angeregte Entschließung.
3. Weihegebet an das Herz Jesu durch Maria.
4. Achte darauf, im «Novenenzustand» zu bleiben.

Vierter Tag

Das Wort Gottes in uns verankern

Herr Jesus, Wort Gottes, durch das der Allmächtige zu den Menschen spricht, nachdem er durch die Propheten gesprochen hat. Durch dich ist die Offenbarung vollendet; du allein *«hast die Worte des ewigen Lebens»* (Joh 6,68). Gewähre mir die Kraft, dich vor den Menschen als den einzigen Erlöser zu bekennen, indem ich mich vor allem auf die Macht des Wortes Gottes stütze. Als unverderblicher Keim erweckt es den Glauben in den Herzen derer, die es noch nicht kennen. Möge ich durch die Kraft der Heiligen Schriften zum Glaubensboten der Neuevangelisierung werden. Möge auch ich durch Gebet und Tat dazu beitragen, daß sich mehr Menschen brennend gern am Tisch der Eucharistie ernähren wollen, nachdem sie die Nahrung des Wortes empfangen haben.

Selige Jungfrau Maria, du lädst uns inständig zum Empfang dieser Nahrung ein: *«Tragt das Wort Gottes in eurem Herzen und Denken. Legt die Heiligen Schriften sichtbar in eurer Familie aus. Lest sie und lebt danach»* (25.8.1996). Und du fügst hinzu: *«In den Evangelien werdet ihr alles finden»* (mehrmals 1985). Wecke in mir glühende Liebe zur Schrift, «diesem Spiegel, in dem die Kirche Gott betrachtet».

Wie an den vergangenen Tagen vertraue ich deiner Fürsprache die folgende persönliche Bitte an: … *(An dieser Stelle bringt man sein Anliegen vor.)* Bitte den Allmächtigen, geliebte Mutter, daß er mein Gebet erhört. Ich verpflichte mich meinerseits, jeden Tag eine Zeitlang auf Gottes Wort zu hören, an welches das Gespräch mit dem Herrn anknüpft.

1. Kurze Besinnung in Herzensgemeinschaft mit Jesus und seiner allheiligen Mutter.
2. Ein Vaterunser, ein Gegrüßet seist du, Maria und ein Ehre sei dem Vater, darauf eine persönliche, vom Tagesgebet angeregte Entschließung.
3. Weihegebet an das Herz Jesu durch Maria.
4. Achte darauf, im «Novenenzustand» zu bleiben.

«Bereut und kehrt um» (Apg 3,19)

Herr Jesus, ich bitte dich, gewähre mir die Gnade, daß ich ein geschärftes Gewissen für meine Schwäche und meine Sünden bekomme, besonders für die, die sich im Alltag festgesetzt haben. Sie möge einen «täglichen Schmerz» hervorrufen, einen «Seelenschmerz», der mich die Häßlichkeit der Sünde verabscheuen läßt und in mir die Reue darüber weckt, daß ich so viele begangen habe. Ich bin davon verletzt und geschwächt. Von nun an will ich öfter auf das Sakrament der Versöhnung zurückgreifen, das die Kirche den Gläubigen in deinem Namen anbietet, um deine Vergebung zu erhalten und voll und ganz in die geschwisterliche Gemeinschaft der Kirche zu gelangen.

Selige Jungfrau Maria, erlange mir die Gnade, deinem Rat zu folgen, *«jeden Monat (zu) beichten und häufiger die hl. Kommunion zu empfangen»* (6.8.1982). Möge die häufige Beichte mich von nun an zur Umkehr antreiben, die ständig neu zu leisten ist. *«Bekehrt euch»*, flehst du uns an und fügst hinzu: *«Das ist die wichtigste Botschaft, die ich euch hier gegeben habe»* (25.2.1996). Sich bekehren heißt, sich zu Gott umzudrehen und «in Seiner Gegenwart zu gehen». Ich habe keine Entschuldigung dafür, es nicht zu tun, denn wie du uns mahnst, *«gibt Gott euch jeden Tag die Möglichkeit, euch zu bekehren»* (25.4.1994). Wenn ich durch Umkehr und Vergebung wieder vollständig in der Gnade bin, kann ich den Auftrag erfüllen, zu dem du uns so oft aufrufst, am Werk des Heils mitzuarbeiten durch unser Leben und Beispiel, das heißt so zu leben, daß die Menschen dich und deinen Sohn Jesus in uns sehen.

Geliebte Mutter, ein weiteres Mal vertraue ich deiner Fürsprache die folgende persönliche Bitte an: … *(An dieser Stelle bringt man sein Anliegen vor.)* Bitte den Allmächtigen, daß er mein Gebet erhört. Ich verpflichte mich meinerseits, öfter zu beichten, um hinsichtlich meiner Verstöße gegen die göttliche Liebe alles Notwendige zu tun und mich zu berichtigen.

1. Kurze Besinnung in Herzensgemeinschaft mit Jesus und seiner allheiligen Mutter.
2. Ein Vaterunser, ein Gegrüßet seist du, Maria und ein Ehre sei dem Vater, darauf eine persönliche, vom Tagesgebet angeregte Entschließung.
3. Weihegebet an das Herz Jesu durch Maria.
4. Achte darauf, im «Novenenzustand» zu bleiben.

Sechster Tag

«Euer Beten komme von Herzen»

Herr Jesus, mein Gebet ist so oft träge, matt und abgerissen! So zeigt es die Liebe nur schlecht, die mich trotz meiner Schwäche an dich bindet. Ich flehe dich an, gewähre mir die so kostbare Gnade des **Herzensgebets**; es hilft tief in das Geheimnis des Glaubens und der Anbetung einzudringen. Öffne mein Herz für die Liebe, damit das Böse in mir besiegt wird und so der Heilige Geist in mir beten und mich in sein Meer der Liebe eintauchen kann. Dann wird mir ein einfacher, langer und müheloser Blick auf dich zur Wonne und zu tiefem Frieden. Ich möchte brennend gern zu der «liebenden Kenntnis Gottes» gelangen, von der Johannes vom Kreuz, der Meister des Herzensgebets, spricht. Möge dein Heilige Geist, Herr, mir in meiner Schwachheit zur Hilfe kommen, darum bitte ich dich inständig, weil ich weiß, daß du überreichlich schenkst, worum deine Jünger dich bitten.

Selige Jungfrau Maria, du lädst uns oft zum Herzensgebet ein, da es wahre Wunder wirkt: *«Wenn ihr mit dem Herzen betet, wird das Eis in euren Geschwistern schmelzen, und die Schranken werden verschwinden»* (23.1.1986). Du lädst uns ein, uns Gott durch das Herzensgebet zu öffnen, damit, wie du sagst, *«der Heilige Geist anfängt, in und durch euch Wunder zu wirken»* (25.5.1993). Du gibst einen der Hauptgründe dafür an: *«Jeder von euch ist in meinem Rettungsplan wichtig»* (ibid.).

Bitte bei deinem Sohn für mich, Friedenskönigin, damit sich der Vorhang hebt, der Gott in seiner ganzen Herrlichkeit vor meinen Augen verbirgt. So kann ich zu einem Kanal werden, durch den der Heilige Geist seinen Liebesstrom leiten kann. Darum bitte ich dich, geliebte Mutter, durch die Kraft des Namens deines Sohnes Jesus, unseres Herrn und einzigen Erlösers.

Selige Jungfrau Maria, auch heute vertraue ich dir die folgende persönliche Bitte an: … *(An dieser Stelle bringt man sein Anliegen vor.)* Bitte den Allmächtigen, daß er mein Gebet erhört.

Ich verpflichte mich meinerseits, mich jeden Tag im Beten anzustrengen, damit ich im Herzensgebet wachse. Mir ist bewußt, daß ich nur durch eine Änderung meines

Lebens dahin gelange und indem ich nur noch in Gottes Gegenwart lebe. Amen.

1. Kurze Besinnung in Herzensgemeinschaft mit Jesus und seiner allheiligen Mutter.
2. Ein Vaterunser, ein Gegrüßet seist du, Maria und ein Ehre sei dem Vater, darauf eine persönliche, vom Tagesgebet angeregte Entschließung.
3. Weihegebet an das Herz Jesu durch Maria.
4. Achte darauf, im «Novenenzustand» zu bleiben.

Siebter Tag

Maria, lehre uns fasten!

Herr Jesus, du hast vierzig Tage lang gefastet, bevor du deinen österlichen Weg und die Verkündigung der Guten Nachricht begannst. Fasten reinigt den Leib, den Geist und die Seele. Du menschgewordenes Wort und vollkommener Mensch, du hattest nicht die geringste Reinigung nötig! Im Fasten hast du Kraft für deinen Auftrag schöpfen wollen.

Der heilige Athanasius, Kirchenlehrer und großer Mann des Fastens, hat die Tugend des Fasten gefeiert: *«Es heilt Kranke, es trocknet jeden krankhaften Körperausfluß aus. Es stößt die Dämonen zurück und treibt ungesunde Gedanken aus. Es klärt den Geist und reinigt das Herz. Es heiligt den Leib und bringt den Menschen vor Gottes Thron. Das Fasten ist eine starke Kraft. Es führt zu großem Erfolg.»* Herr, du empfiehlst das Fasten und forderst, es im Verborgenen zu tun. *«Wenn du fastest»*, sagst du jedem deiner Jünger: *«Du aber salbe dein Haar und wasche dein Gesicht, damit die Leute nicht merken, daß du fastest, sondern nur dein Vater, der im Verborgenen ist; und dein Vater, der das Verborgene sieht, wird es dir vergelten»* (Mt 6,17).

Doch du zwingst uns das Fasten nicht auf. Du schlägst es nur vor; in der gesunden Freiheit der Kinder Gottes entscheidet jeder selbst darüber.

Selige Jungfrau Maria, du hast uns wiederholt, und besonders in den Jahren 1982 bis 1984, aufgerufen, bei Wasser und Brot zu fasten, da das vom Gebet verstärkte Fasten eine unglaubliche, geheimnisvolle Kraft in sich birgt; du sagst: *«Fasten und Beten können Kriege und Naturkatastrophen verhindern»* (21.7.1982).

Du erklärst den tieferen Sinn des Fastens allgemein; im Dezember 1983 hast du gesagt: *«Wahres Fasten besteht im Verzicht auf die Sünde»*, fügst jedoch hinzu, *«auch der Leib muß in den Verzicht miteinbezogen werden.»* Am Beginn einer Fastenzeit, der großen Zeit des Verzichts, rätst du uns außerdem sehr anschaulich: *«Die Fastenzeit möge euch zu einer Veränderung eures Lebens anregen. Fangt sofort damit an. Schaltet den Fernseher aus, laßt viele unnütze Dinge beiseite.»*

An diesem siebten Tag vertraue ich dir wie immer die besondere Bitte dieser Novene an: … *(An dieser Stelle bringt man sein Anliegen vor.)* Ich verpflichte mich meinerseits, dem Fasten — gleich welcher Art — in meinem Leben einen festen Platz einzuräumen, damit es mir hilft, in der Gottes- und der Nächstenliebe zu wachsen.

1. Kurze Besinnung in Herzensgemeinschaft mit Jesus und seiner allheiligen Mutter.

2. Ein Vaterunser, ein Gegrüßet seist du, Maria und ein Ehre sei dem Vater, darauf eine persönliche, vom Tagesgebet angeregte Entschließung.
3. Weihegebet an das Herz Jesu durch Maria.
4. Achte darauf, im «Novenenzustand» zu bleiben.

Achter Tag

«Betet für die Seelen im Fegfeuer»

Herr, dadurch daß du uns nach deinem Bilde schufst, hast du uns einen Keim der Ewigkeit ins Herz gelegt. Laß diesen Keim, der von der Sünde bedroht ist, in mir wachsen. Möge ich dir mit ganzer Seele anhängen und in deiner heiligen Gegenwart unaufhörlich an Leben zunehmen. So möge sich eine Gemeinschaft bilden, die schon hier auf Erden das Glück widerspiegelt, dir rückhaltlos und auf immer zu gehören. Biete diesen Schatz allen, die mir lieb sind, an, ebenso allen Christen und allen Menschen guten Willens. Laß ihn auch den Seelen im Zustand der Reinigung zugute kommen, die darauf warten, dich von Angesicht zu Angesicht zu betrachten und in unsäglichem Glück ewig anzubeten.

Selige Jungfrau Maria, du bestehst darauf, daß wir die Armen Seelen oft in unsere Gebetsanliegen einschließen. Dank unserer Fürbitten kommen sie dann früher zur Heiligkeit, denn dadurch werden sie von ihrer Entfernung von Gott befreit, dessen Herrlichkeit sie schon flüchtig erblickt haben. *«Ich empfehle euch, für ihre Reinigung zu beten: Es sind viele Seelen im Fegfeuer»*, hast du den jungen Sehern am 21. Juli 1982 offenbart; *«viele Seelen sind schon lange dort, weil niemand für sie betet».* Du ermutigst uns auch, für sie zu beten, weil sie *«künftig unsere Fürsprecher beim Herrn» sind.*

An diesem vorletzten Tag der Novene vertraue ich dir wiederum die Bitte an, die mein Herz im Augenblick so beschäftigt: … *(An dieser Stelle bringt man sein Anliegen vor.)* Ich verpflichte mich meinerseits, von nun an die Armen Seelen im Fegfeuer ins Gebet einzuschließen, damit sie schneller zur seligen Anschauung Gottes gelangen. Amen.

1. Kurze Besinnung in Herzensgemeinschaft mit Jesus und seiner allheiligen Mutter.
2. Ein Vaterunser, ein Gegrüßet seist du, Maria und ein Ehre sei dem Vater, darauf eine persönliche, vom Tagesgebet angeregte Entschließung.
3. Weihegebet an das Herz Jesu durch Maria.
4. Achte darauf, im «Novenenzustand» zu bleiben.

Neunter Tag

Mögen die Herzen sich Marias Anruf öffnen

Herr Jesus, mit dem Apostel hast du uns das unschätzbare Gut der mütterlichen Gegenwart deiner allheiligen Mutter in unserem Leben geschenkt. Ich danke dir für diesen Schatz, aus dem wir unendlich oft und viel schöpfen können. Möge sie für mich ein Vorbild im Glauben, in der Liebe und in der vollkommenen Vereinigung mit Christus sein. Dadurch werde ich, zu meinem und meiner Nächsten Glück, allmählich verklärt. Mir ist bewußt, daß ein Kind Marias schließlich ihre Demut und mütterliche

Zärtlichkeit widerspiegelt. Wie die Mutter, sind auch die Kinder durch das Gebet und ihre Werke in der Heilsgeschichte zugegen, denn sie suchen nur noch die Herrlichkeit Christi.

Selige Jungfrau Maria, ich flüchte unter deinen Schutz; entferne das Böse von mir sowie jede Gefahr, die mir durch Satans Tun droht. In dir ist die Kirche in ihre Fülle eingesetzt worden. Du strahlst in uns wie ein großes Zeichen des Trostes und der Hoffnung auf unserer irdischen Pilgerfahrt. Unaufhörlich mahnst du uns, wie eine Mutter ihre Kinder, und beschwörst uns: *«Bleibt einig wie Geschwister»* (14.2.1982). *«Bemüht euch, jeden Tag einen Fehler zu besiegen»* (20.2.1985). Und du gibst uns viele Ratschläge, zum Beispiel, wie wir unseren Tag anfangen und beschließen sollen: *«Lest morgens die Bibel, (...) bemüht euch, den ganzen Tag danach zu leben»* (19.4.1984). *«Erforscht abends euer Gewissen»* (24.2. 1985). Deine ständige Nähe flößt uns Mut ein, der uns nie verlassen sollte: *«Fürchtet euch nicht, denn ich bin da»* (14.2.1982). Aber vor allem macht deine Liebe uns überglücklich. Am 25. Oktober 1984 hast du uns das erschütternde Wort gesagt: *«Ich liebe euch. Liebt mich. Liebt einander»*; es enthält die unendliche Macht der Ausgießung und Verbreitung der göttlichen Liebe.

Ermutige mich immer, geliebte Mutter, auf diese Weise durch die Liebe zu einer lebendigen Zelle des Herzens Gottes zu werden, denn GOTT IST LIEBE.

An diesem letzten Tag, der die Novene beschließt, vertraue ich dir, geliebte Mutter, nochmals die Bitte an, die mein Herz beschäftigt und zu dieser Novene geführt hat:

… *(An dieser Stelle bringt man sein Anliegen vor.)* Ich verpflichte mich meinerseits, viel treuer den Befehl zu befolgen, den du am Anfang des öffentlichen Wirkens Jesu gabst und seitdem deinen Kindern ständig wiederholst: «*Was er euch sagt, das tut*» (Joh 2,4). Amen.

1. Kurze Besinnung in Herzensgemeinschaft mit Jesus und seiner allheiligen Mutter.
2. Ein Vaterunser, ein Gegrüßet seist du, Maria und ein Ehre sei dem Vater, darauf eine persönliche, vom Tagesgebet angeregte Entschließung.
3. Weihegebet an das Herz Jesu durch Maria.
4. Achte darauf, im «Novenenzustand» zu bleiben.

Dankgebet

Herr Jesus, nun bin ich am Ende dieser Novene des Betens und Flehens. Dein Name werde geheiligt! Gewähre mir auf die Fürsprache deiner allheiligen Mutter die erbetenen Gnaden. Stehe deiner Kirche bei, damit sie ein immer wirksameres Werkzeug deiner Liebe werde und in der Neuevangelisierung eine große Menge Seele erobert, um deinen Durst am Kreuz zu löschen. Amen.

Weihegebet an das Herz Jesu durch Maria[9]

O Jesus, wir wissen, daß du voller Sanftmut bist und dein Herz für uns dargeboten hast. Wegen unserer Sünden wurdest du mit Dornen gekrönt... Erinnere dich unser, wenn wir der Sünde unterliegen. Wirke durch die Fürsprache deines allerheiligsten Herzens, daß wir alle Menschen lieben. Zeige uns deine Liebe. Wir lieben dich alle und wollen, daß du uns mit deinem Herzen eines Hirten vor jeder Sünde bewahrst.

Dringe, o Jesus, in jedes unserer Herzen ein. Klopfe, klopfe geduldig und beharrlich an unsere Herzenstür; wir sind noch in uns verschlossen, weil wir deinen Willen noch nicht verstanden haben.

Klopfe unaufhörlich an. Mache, daß wir dir unser Herz wenigstens dann öffnen, wenn wir uns an das Leiden erinnern, das du für uns erduldet hast.

Unbeflecktes Herz Marias voller Güte, zeige uns deine Liebe zu uns. Möge die Flamme deines Herzens auf alle Menschen herabkommen. Wir lieben dich unendlich. Senke in unsere Herzen die wahre Liebe ein... O sanfte und von Herzen demütige Maria, erinnere dich unser, wann immer wir der Sünde unterliegen. Gib uns durch dein mütterliches, unbeflecktes Herz, daß wir von jedem geistlichen Übel geheilt werden. Mögen wir stets Nutzen ziehen aus deinem Mutterherzen und uns auf die Fürsprache deines vor Liebe glühenden Herzens bekehren. Amen.

---

9 Dieses Gebet hat die Jungfrau Maria der Seherin Jelena Vasilj am 28. November 1983 anvertraut.

Nachwort

Medjugorje? «Wenn ich nicht Papst wäre, würde ich schon längst nach Medjugorje gegangen sein» (Papst Johannes Paul II.). Ein Gnadenort auf der Linie von Lourdes und Fatima. Am Ende dieses zweiten Jahrtausends ihres Sohnes Jesus, des einzigen Erlösers der Menschheit, kommt Maria in immer mehr «Heimsuchungen» auf die Erde. Unermüdlich erinnert sie ihre Kinder dabei an die großen Zeiten des Evangeliums. Diese wiederholten Erscheinungen entsprechen ihrer mütterlichen Logik. Wo ist der Platz der Mama, besonders in Krisenzeiten? Bei ihren Kindern, um sie zu beschützen, zu führen und zu ermutigen. Genau das tut die *Mutter der Menschen* in Medjugorje und anderswo. Wir danken dem Herrn für diese unschätzbare Gabe.

Eine unvollendete Novene

Jede Novene bleibt auch nach der Beendigung unvollendet. Denn danach muß eine lange Danksagung erfolgen. Besonders muß man nun darangehen, die während der Novene eingegangenen Verpflichtungen zu verwirklichen. Jedes Gebet ist ein Zwiegespräch mit Gott. Jedes Fürbittgebet zieht eine ganze Reihe von Gesprächen zwischen dem geliebten Vater und seinem Kind nach sich…

Sie haben Entschlüsse gefaßt. Nun kommt die Zeit, Ihre Versprechen einzulösen. Seien Sie sicher, daß das zu

Ihrem größeren Glück dient. Und dem Ihrer Nächsten. «Leben heißt Veränderung; wer heilig werden will, muß sich sehr verändert haben» (Kardinal Newman).

Maria liebt Sie, sie betrachtet Sie aufmerksam. Das Glück ihrer Kinder ist auch ihr Glück. Je mehr Sie ihrem Sohn ähneln, desto glücklicher wird sie sein. Werden Sie also *«sanft und von Herzen demütig»* wie Jesus. Das ist ein langsames und mühevolles, lebenslanges Unterfangen. Verlieren Sie dabei nie den Mut.

Ist Ihre Bitte am Ende der Novene erhört worden? Vergessen Sie weder die Danksagung noch Ihre Versprechen.

Sie wurde nicht erhört? Dann beginnen Sie mit einer neuen Novene von vorn! *«Das Himmelreich erleidet Gewalt»* (Mt 11,12). Vielleicht stellt der Herr Sie auf die Probe. Könnte er nicht Ihren Glauben vergrößern, den Gebetsgeist in Ihnen stärken wollen? Manche gehen so weit, daß sie ihre dringenden Bitten durch eine «Novene von Novenen» fortsetzen! Man gewinnt dabei in jeder Hinsicht. Wenn man sät, schenkt der Herr das Hundertfache (vgl. Lk 8,8).

Der Herr segne Sie und behüte Sie. Durch Maria enthülle er Ihnen sein Heiliges Antlitz in seiner ganzen Herrlichkeit! Hören wir noch einmal auf die Stimme der geliebten Mutter:

«Ich wünsche, daß sich durch jeden von euch Gottes Plan erfüllt und daß alles wachse, was Gott euch ins Herz gegeben hat. Deshalb betet! Ich verpflichte euch zum Herzensgebet» (25.4.1987).

Rosenkranz zu Unserer Lieben Frau des Friedens

Der Rosenkranz

Der marianische Rosenkranz kommt im 14. Jahrhundert auf. Er ist auf die erfinderische Frömmigkeit Heinrich von Kalkars, eines rheinischen Karthäusermönchs, zurückzuführen. Bald wurden die wiederholten Pater und Ave «rosarium» — Rosengarten — genannt, eine der Jungfrau Maria dargebrachte Rosenkrone. Der Dominikanerpater Alain de la Roche (1428-1475) gab dem Rosenkranz dadurch die endgültige Form, daß er ihn in fünfzehn Zehnergruppen, «Gesätze,» einteilte. In der ganzen Christenheit wurden Rosenkranzbruderschaften gegründet. Gregor XIII. führte das Fest vom heiligen Rosenkranz ein und legte es auf den 7. Oktober, zur Erinnerung an den Sieg von Lepanto am 7. Oktober 1571. Am 1. September 1883 veröffentlichte Papst Leo XIII. die Enzyklika *«Supremi apostolatus»*, durch die der Oktober zum Rosenkranzmonat geworden ist.

Wie man sieht, stammt der Aufbau des Rosenkranzes in fünfzehn Gesätze aufgeteilt in drei Fünfergruppen — die freudenreichen, die schmerzhaften und die glorreichen Geheimnisse — aus dem 15. Jahrhundert; am 15. September 1569 weiht Papst Pius V., ebenfalls ein Dominikaner, diese Vorgehensweise durch die Bulle *«Consueverunt»*.

Der der nun folgende Rosenkranz zu Unserer lieben Frau des Friedens stützt sich auf Marias Botschaften in Medjugorje.

Der Rosenkranz zu Unserer Lieben Frau des Friedens

1. Die freudenreichen Geheimnisse

Die Verkündigung
Die Heimsuchung
Die Geburt Jesu
Die Darstellung Jesu im Tempel
Die Wiederauffindung Jesu im Tempel

2. Die schmerzhaften Geheimnisse

Der Todeskampf Jesu
Die Geißelung
Die Dornenkrönung
Das Tragen des Kreuzes
Jesu Kreuzestod

3. Die glorreichen Geheimnisse

Die Auferstehung
Die Himmelfahrt
Pfingsten
Die Aufnahme Marias in den Himmel
Die Krönung Marias

Die freudenreichen Geheimnisse

Das erste freudenreiche Geheimnis

Die Verkündigung (Lk 1,26-38)

Das von Maria in Nazareth gesprochene «fiat» führt zu dem wichtigsten Ereignis der gesamten Schöpfungsgeschichte: Gott wird in dem Schoß einer Jungfrau Mensch. Dieses Ereignis ist mit der Verkündigung der messianischen Freude durch den Erzengel Gabriel verknüpft: *«Freue dich, Maria, voll der Gnade!»*

Möge die messianische Freude unsere Herzen nie verlassen, denn Jesus — «Gott hilft» — ist für immer bei uns! Als einziger Erlöser der Menschen ist Jesus der von dem Propheten Jesaja verkündigte «Friedensfürst» (Jes 9,5).

«Ich wünsche, daß ihr froh seid und daß diese Freude an euren Gesichtern abzulesen ist» (17.8.1981).

* * *

Die Frucht dieses Geheimnisses: *«Bittet, dann wird euch gegeben»* (Mt 7,7). Bitten wir Jesus Christus darum, daß er geistlich in unseren Seelen Mensch wird, wie er es körperlich in Maria geworden ist; möge er immer stärker in uns gegenwärtig werden, damit wir seine Zeugen der Liebe und des Friedens sind.

Zweites freudenreiches Geheimnis

Die Heimsuchung (Lk 1,39-56)

Die Begegnung zwischen Maria und Elisabeth zeigt, daß der Übergang vom Alten zum Neuen Bund nahe ist. Strahlend vor Freude trägt die eine den Vorläufer, die andere den Erlöser im Schoß. Verheißung und Erfüllung kommen zusammen. Elisabeth verkündet Marias göttliche Erwählung; die jungfräuliche Mutter verkündet das Reich, das *«fest gegründet ist auf Recht und Gerechtigkeit»* (Jes 9,5). Beide reden unter der Eingebung des Heiligen Geistes prophetisch.

«Beginnt den Tag mit der Anrufung des Heiligen Geistes» (April 1983).

* * *

Die Frucht dieses Geheimnisses: *«Bittet, dann wird euch gegeben»* (Mt 7,7). Bitten wir Jesus Christus um die Gnade echter Liebe zum Nächsten, zu jedem Nächsten einschließlich unserer Feinde, im Geist des Magnificat.

Drittes freudenreiches Geheimnis

Die Geburt Jesu

Jesus, das Brot des Lebens, wird in Bethlehem, dem «Haus des Brotes», geboren. Das Kind in der Futterkrippe wird die Menschen in der Eucharistie speisen.

Der Himmel von Bethlehem erglüht in Klarheit und Gesang. Das ganze Weltall feiert das Ereignis, das den Neuen und ewigen Bund begründet. Hirten und Weise — Herz und Verstand — erkennen den Messias in diesem armen Kind, das das unergründliche Geheimnis des Gottes der Liebe offenbart, und sie beten ihn an.

«Ihr seid das auserwählte Volk, und Gott hat euch große Gnaden geschenkt. Betet, betet, betet! (...) Ich wünschte, ihr

könntet im Gebet Gottes und meine Liebe zu euch erkennen» (15.11.1984).

* * *

Die Frucht dieses Geheimnisses: *«Bittet, dann wird euch gegeben»* (Mt 7,7). Bitten wir den Herrn um den Geist der Armut, der die Geburt des Weltenkönigs bekundet, und auch um die Gabe der Liebe, die das Neugeborene in Marias Armen verkörpert.

Viertes freudenreiches Geheimnis

Die Darstellung Jesu im Tempel

Hier sehen wir den Sohn auf dem Arm der Unbefleckten das irdische Haus seines Vater betreten. An Marias Seite steht Joseph, der «gerechte Mensch»; hinter ihnen zeichnet sich die ganze erlöste Menschheit ab. Aber auch das Kreuz, das sich in dem Schwert ankündigt, welches die jungfräuliche Mutter durchbohren wird.

An die Stelle des von Jahweh, dem Allerhöchsten, bewohnten Tempels von Jerusalem tritt die Kirche mit ihren unzähligen Tabernakeln überall auf der Welt, in denen Jesus, der Sohn Gottes, der Emmanuel — Gott mit uns —, wahrhaft zugegen ist.

«Betet das Allerheiligste unaufhörlich an. Ich bin immer zugegen, wenn die Gläubigen Anbetung halten. Das ist eine Zeit, in der man stets besondere Gnaden empfängt» (15.3.1984).

* * *

Die Frucht dieses Geheimnisses: *«Bittet, dann wird euch gegeben»* (Mt 7,7). Bitten wir um die Gnade, das Allerheiligste glühend zu lieben, und auch um die, daß wir nie an einer Kirche vorübergehen, ohne uns nicht wenigstens in Gedanken mit Jesus Christus zu vereinen, der im Tabernakel auf den Besuch seiner Jünger wartet.

Fünftes freudenreiches Geheimnis

Die Wiederauffindung Jesu im Tempel (Lk 2,40-50)

Das dreitägige Verschwinden Jesu während der österlichen Pilgerfahrt nach Jerusalem beleuchtet schlagartig das Verborgene seines Lebens. *«Wußtet ihr nicht, daß ich im Hause meines Vaters sein muß»*, antwortet er Maria und Joseph in ihrer Angst nach der dreitägigen Suche. Drei Tage, wie einundzwanzig Jahre später, im Grab. Sie verstehen den Sinn der Worte des Jugendlichen nicht, der zusammen mit den Gesetzeslehrern drei Tage lang über der Heiligen Schrift nachgesonnen hat. Angesichts des Geheimnisses des Kindes bleibt Maria und Joseph nichts als die völlige Hingabe an Gott, diesen Vater, den Jesus enthüllt hat und auf seinem eigenen österlichen Weg vollends bekanntmachen wird.

«Die sich Gott aufgeopfert haben, haben in ihrem Herzen keinen Platz mehr für die Furcht. Die Schwierigkeiten, auf die ihr treffen werdet, tragen zu eurem Fortschritt und zur Ehre Gottes bei» (undatiert).

«Wißt, daß Gott euch liebt, wenn er euch auf die Probe stellt» (11.10.1984).

* * *

Die Frucht dieses Geheimnisses: *«Bittet, dann wird euch gegeben»* (Mt 7,7). Erbitten wir vom Herrn eine inbrünstige Liebe zu den Heiligen Schriften in täglichem, vertrauten Umgang mit ihnen; erbitten wir auch die Gnade der vollkommenen Hingabe in Gottes Hand, besonders in Prüfungen.

Die schmerzhaften Geheimnisse

Erstes schmerzhaftes Geheimnis

Der Todeskampf Jesu (Mk 14,32-43)

«In seiner Todesangst betete Jesus noch inständiger; sein Schweiß wurde wie Blutstropfen, die zur Erde fielen» (Lk 22,44).

Im Garten von Gethsemane — Ölkelter — unterzieht Jesus sich der Kelter des Leidens; dies ist so gewaltig, daß es die Blutgefäße platzen und Blut fließen läßt. So beginnt der sündlose Gerechte, die Sünden der Menschen, unsere Sünden, abzubüßen zu unserem Heil. Die Jünger haben ihn aufgegeben und sind geflohen (Mt 26,25). Jesus ist allein. Petrus, Jakobus und Johannes sind eingeschlafen. Und der Apostel Judas verrät ihn…

«Betet, betet, betet! Nur durch das Gebet können wir das Böse besiegen und all das beschützen, was Satan in eurem Leben zerstören möchte. Ich bin eure Mutter und liebe euch alle gleich und halte bei Gott für euch Fürsprache» (25.2.1994).

* * *

Die Frucht dieses Geheimnisses: *«Bittet, dann wird euch gegeben»* (Mt 7,7). Erbitten wir vom Herrn die Gnade, unter allen Umständen treu bleiben zu können, besonders in einer schweren Prüfung.

Zweites schmerzhaftes Geheimnis

Die Geißelung

Jesus muß die grausamsten Foltern ertragen. Die Folterknechte setzen ihm schwer zu. Das Leichentuch trägt die Spuren von hundertundzwanzig durch das Blei an den Riemen der Geißel verursachte Wunden. Der Gemarterte büßt die Sünden gegen den Leib ab, den der Schöpfer zu einem Tempel des Geistes machen wollte. Maria, *«die von einem Schwert durchdrungene Seele»* (Lk 2,35), erlebt diese tragischen Augenblicke in unsäglichem Schmerz. Das fleckenlose Lamm und die Unbefleckte tragen die unermeßliche Last der Beschmutzungen, mit denen sich die Menschen bedecken, die doch nach dem Bild Gottes geschaffen sind.

«Sucht demütig danach, was in euren Herzen nicht in Ordnung ist, und dann werdet ihr begreifen, was ihr tun müßt. Die Umkehr soll für euch eine tägliche Aufgabe sein. (...) Werdet meine Zeugen durch Gebet und die persönliche Umkehr» (25.4.1996).

Die Frucht dieses Geheimnisses: *«Bittet, dann wird euch gegeben»* (Mt 7,7). Erbitten wir von Gott die Gnade der Reinheit von Leib und Seele. Bitten wir auch um die sittliche Erneuerung in der Gesellschaft.

Die Dornenkrönung (Joh 19,2-7)

Der Weltenkönig zum Spott gekrönt mit Dornen. So büßt Jesus den luziferischen Hochmut ab, der im Menschen jede Liebe zerstört. Sein vom Leiden verwüstetes göttliches Antlitz ruft uns beständig auf: *«Liebt eure Feinde und betet für die, die euch verfolgen, damit ihr in Wahrheit Söhne eures Vaters im Himmel werdet»* (Mt 5,44).

Jesus ist bis ans Ende der Zeiten im Todeskampf und wird jedesmal wieder gegeißelt, mit Dornen gekrönt und gekreuzigt, wenn die Menschen in luziferischem Aufruhr das Gesetz des Evangeliums verwerfen, um es durch die Unordnung ihres Lebens zu ersetzen, das sie unabhängig von Gott führen wollen. Die Jünger müssen dulden, daß sie nach dem Vorbild ihres dornengekrönten Meisters in Seinem Namen gehaßt werden.

«Auch die Ungläubigen sind meine Kinder; ich leide ihretwegen, weil sie nicht wissen, was sie erwartet, wenn sie sich nicht bekehren» (18.3.1985). *«Jetzt ist die Zeit der Umkehr. Ihr müßt euch entscheiden»* (15.8.1985).

* * *

Die Frucht dieses Geheimnisses: *«Bittet, dann wird euch gegeben»* (Mt 7,7). Erbitten wir von Jesus die Gnade, von jeder Regung des Hochmuts befreit zu werden und die Schönheit der Demut, der grundlegenden Tugend der Christen, in vollem Maße zu entdecken.

Jesus trägt das Kreuz (Lk 23,26-32)

Der entstellte, von Wunden bedeckte Sohn Gottes schleppt das Holz seiner Opferung durch die Straßen von Jerusalem. Mit gebrochenem Herzen hat Maria diesem unerträglichen Schauspiel beigewohnt. Sie mußte auf diesem Todesgang an die Worte ihres Sohnes denken: *«Ich bin der Gute Hirt; der Gute Hirt gibt sein Leben hin für seine Schafe»* (Joh 10,11), und: *«Es gibt keine größere Liebe als die, wenn einer sein Leben gibt für seine Freunde»* (Joh 15,13).

Den Jüngern bleibt das Kreuz nicht erspart; es ist sogar eine Voraussetzung: *«Wer mir nachfolgen will, der verleugne sich selbst, nehme sein Kreuz auf sich und folge mir nach»* (Mt 16,24). Allerdings im Wissen um das Gewicht dieses Kreuzes: *«MeinJoch ist sanft, und meine Last ist leicht»* (Mt 11,30). Maria ist dabei, wenn wir das Kreuz des Herrn tragen: *«Bringt euer Kreuz und eure Leiden Gott dar wie ein Geschenk. (...) Betet, damit ihr begreift, daß das Leiden zur Freude werden kann, und das Kreuz zum Weg der Freude»* (25.9.1996).

* * *

Die Frucht dieses Geheimnisses: *«Bittet, dann wird euch gegeben»* (Mt 7,7). Erbitten wir von Jesus die Gnade, jedes unvermeidliche Leiden in Liebe anzunehmen, um es für uns selbst und unsere Geschwister in eine Quelle göttlichen Lebens zu verwandeln.

Fünftes schmerzhaftes Geheimnis

Jesus stirbt am Kreuz (Joh 19,18-35)

Jesus zwischen zwei Verbrechern ans Kreuz genagelt — ein erschütterndes Kürzel und Zeichen für das zur Vollendung gelangte Heilswerk. Am Fuß des Kreuzes die Schmerzensmutter und drei treue Jünger, darunter der Apostel Johannes. Durch den geliebten Jünger vertraut Jesus uns seiner Mutter an und vertraut sie uns an, damit wir sie bei uns aufnehmen. Sie ist die alles umfassende Mutter der Kirche und Mutter jedes einzelnen Jüngers.

Nach dieser heiligen Adoption bekundet Jesus nichts weiteres mehr als seinen unstillbaren Durst nach Seelen. Dann durchbohrt die Lanze das Herz des makellosen Lammes. Im Herzen aber trifft man Gott, denn — o unergründliches Geheimnis — Gott ist in seiner Liebe verletzlich, er, der allmächtige Schöpfer.

«Geht den Weg der Heiligkeit; nur so werdet ihr mir nahe sein. Ich liebe euch und möchte euch alle mit mir in das Paradies führen. Aber wenn ihr nicht betet und ihr nicht demütig und gegenüber den Botschaften, die ich euch gebe, gehorsam seid, kann ich euch nicht helfen» (25.4.1994).

* * *

Die Frucht dieses Geheimnisses: *«Bittet, dann wird euch gegeben»* (Mt 7,7). Erbitten wir von Gott die Gnade, Jesu Liebesdurst nach Seelen zu stillen, sowie die Gnade, sein Kreuz zu lieben, damit wir schließlich auch unsere eigenen Kreuze in Liebe und Geduld tragen können. Bitten wir ihn um die Gabe, uns des Vorrechts lebhaft bewußt zu sein, daß wir Kinder der Gottesmutter sind.

Die glorreichen Geheimnisse

Erstes glorreiches Geheimnis

Die Auferstehung (Mt 28,1-10)

«Nach zwei Tagen gibt der Herr uns das Leben, am dritten Tag richtet er uns wieder auf, und wir leben vor seinem Angesicht» (Hos 6,2).

Kurz vor seinem Leiden hat Jesus vorhergesagt, was ihm zustoßen werde: *«Der Menschensohn wird den Heiden ausgeliefert, wird verspottet, mißhandelt und angespuckt werden, und man wird ihn auspeitschen und töten. Aber am dritten Tag wird er auferstehen»* (Lk 18,32-33).

Wenn Maria diese Tage voll Schmerz erlebt hat, so erlebte sie sie doch auch in der tröstlichen Gewißheit, daß ihr Sohn siegen und zu den Lebenden zurückkehren werde, er, das Leben selbst. Als der Engel Maria von Magdala und der anderen Maria Jesu Sieg über den Tod verkündet, sind sie *«voll Furcht und großer Freude»*. Die alte Welt ist versunken; die neuen Himmel und die neue Erde sind da und im Glauben für uns erreichbar.

«Setzt Gott in eurem Leben an die erste Stelle, damit der Satan euch nicht mit materiellen Dingen anziehen kann. Entscheidet euch für Gott, der Freiheit und Liebe ist. Wählt das Leben der Seele, und nicht den Tod» (23.3.1996).

* * *

Die Frucht dieses Geheimnisses: *«Bittet, dann wird euch gegeben»* (Mt 7,7). Erbitten wir von Gott einen vollkommenen Glauben an die Auferstehung Jesu Christi, der die wahre Grundlage des christlichen Leben ist und unsere eigene Auferstehung ankündigt.

Zweites glorreiches Geheimnis

Die Himmelfahrt (Apg 1,6-11)

Nachdem Jesus zu unserer Erlösung am Schandholz erhöht worden war, wird er zu unserem ewigen Glück von der Erde erhöht. Das Böse und der Tod sind endgültig besiegt. Die Jünger sind beauftragt, der Welt das unermüdlich zu verkünden.

Jetzt haben die Menschen bei dem Vater in den Himmeln einen allmächtigen Fürsprecher, Jesus, der ihnen in allem außer der Sünde gleich ist. Er spricht zu seinen Aposteln: *«Ich gehe hin, um euch einen Platz zu bereiten,(...) damit auch ihr dort seid, wo ich bin»* (Joh 14,2-3). Es genügt zu lieben, um dahin zu gelangen.

«Betet in meinem Anliegen. Eure Gebete sind mir notwendig, durch welche ich euch Gott näherbringen möchte: Er ist eure Rettung. Gott schickt mich, um euch zu helfen und euch ins Paradies zu führen, welches euer Ziel ist. Darum, Kindlein, betet, betet, betet!» (25.9.1994).

* * *

Die Frucht dieses Geheimnisses: *«Bittet, dann wird euch gegeben»* (Mt 7,7). Erbitten wir von dem geliebten Vater die Gnade, überall eifrige Zeugen seines Sohnes zu sein, um das Kommen des Reiches zu beschleunigen.

Drittes glorreiches Geheimnis

Pfingsten

Die im Abendmahlssaal um Maria, die Mutter des Erlösers und seit Golgota auch ihre Mutter, versammelten Apostel empfangen die Ausgießung des Geistes Jesu, diese jedem Jünger gewährte höchste und bleibende Gabe. Seitdem kann jeder Mensch die Kraft zu lieben empfangen, entsprechend dem anspruchsvollen Geist, wie ihn der Apostel Paulus beschreibt (1 Kor 13). Jedes Wesen, das sich dem Heiligen Geist ausliefert, vermag den Freudenschrei «*Abba!*» zum Himmel hinaufzuschicken, denn «*der Geist selber kommt zu unserem Geist*» (Röm 8,15). Unser ganzes Wesen ist verklärt, da wir ein «*Tempel des Heiligen Geistes*» (1 Kor 6,19) geworden sind.

Die Christen haben die Aufgabe, der Welt diese wunderbare Nachricht zu verkündigen. In unseren Herzen aus Fleisch wohnt die wahre Freiheit, denn «*wo der Geist des Herrn ist, da ist Freiheit*» (2 Kor 3,17). Die Freiheit zu lieben, wie Jesus uns liebt.

«*Öffnet Jesus die Tür eures Herzens, wie die Blume sich der Sonne öffnet. Jesus wünscht, eure Herzen mit Frieden und Freude zu erfüllen*» (25.1.1995). «*Lest die Heilige Schrift, lebt danach und betet, damit ihr die Zeichen dieser Zeit begreifen könnt. (...) Ich wünsche, daß ihr Kinder des Lichtes und nicht der Finsternis seid!*» (25.8.1993)

* * *

Die Frucht dieses Geheimnisses: «*Bittet, dann wird euch gegeben*» (Mt 7,7). Erbitten wir vom Herrn, daß er das «Neue Pfingsten auf die Welt» schneller herabkommen läßt. Und daß wir darin *«ein Brief Christi seien, geschrieben mit dem Geist des lebendigen Gottes auf die lebendigen Tafeln unseres Herzens»* (vgl. 2 Kor 3,3).

Viertes glorreiches Geheimnis

Die Aufnahme in den Himmel

(Durch die Apostolische Konstitution am 1. November 1950 definiertes Dogma.)

Maria ist mit Leib und Seele von der Erde zur Allerheiligsten Dreifaltigkeit erhöht und übt nun die allumfassende Mutterschaft aus, in die ihr Sohn sie am Fuß des Kreuzes eingesetzt hat. Daher ist die Aufnahme in den Himmel der Anfang einer ständigen Heimsuchung auf Erden bis ans Ende der Zeiten. *«Sie erscheint wie das Morgenrot, gewaltig wie ein Heer»* (Hld 6,10).

Der Platz einer Mutter ist bei ihren Kindern, vor allem in sehr gefährlichen Zeiten, in denen der *«Drache, voller Zorn gegen die Frau, fortgeht, um Krieg zu beginnen mit ihren übrigen Nachkommen, die den Geboten Gottes gehorchen und Jesu Zeugen sind»* (Off 12,17).

In einem Augenblick der Geschichte, da dieser Krieg abartige, heimtückische Formen annimmt, ist die Mutter der Kirche ihren Kindern sehr nah, wie es ihre «Heimsuchungen» im Lauf unseres Jahrhunderts bezeugen. Ihre Gegenwart beweist, wie ernst die Zeit am Ende der Welt ist. *«Entscheidet euch für die Umkehr, damit euer Leben wahrhaftig sei vor Gott»* (25.7.1996). *«Lebt den Frieden in euren Herzen. (...) Der Friede ist ein Geschenk Gottes. Ohne*

Liebe könnt ihr den Frieden nicht leben. (...) Die Frucht der Liebe ist die Versöhnung. (...) Verzeiht zuerst in der Familie, dann werdet ihr auch fähig sein, anderen zu verzeihen» (25.1.1996).

* * *

Die Frucht dieses Geheimnisses: *«Bittet, dann wird euch gegeben»* (Mt 7,7). Erbitten wir von Der, die die *«große Ehre unseres Volkes»* (Jdt 15,9) ist, uns zu helfen, daß wir Zeugen der Friedensliebe und der Vergebung in einer Welt sein können, in der oft Haß, Streit und Neid herrschen.

Fünftes glorreiches Geheimnis

Die Krönung Marias, der Weltenkönigin (Off 12,1)

Der Rosenkranz, der mit der Bekanntgabe der Jungfräulichkeit Marias bei der Verkündigung begann, schließt mit dem Ruhm ihrer Krönung. Die zwölf Sterne ihrer Krone sind ein Zeichen für die liebreichste der Gemeinschaften um die vollkommenste der Mütter. Eine Königin, die an der Seite ihrer Kinder für sie kämpft. Nicht ohne selbst dabei verwundet zu werden, denn sie soll zwar *«die Schlange am Kopf treffen»*, wird selbst aber *«an der Ferse getroffen»* (vgl. Gn 3,15).

Beim Ausgang dieses gnadenlosen Kampfes, an dem der Erlöser seine Mutter beteiligt, wird die ganze Menschheit in Christus wiederhergestellt werden in der Einheit der Liebe, denn *«Gott ist Liebe»* (1 Joh 4,8).

«Gott ist groß, und seine Liebe zu jedem Geschöpf ist groß. Daher betet, um Gottes Liebe und Güte begreifen zu können» (25.10.1995). *«Betet für meine Anliegen, bringt Novenen dar. (...) Ich wünsche, daß euer Leben mit mir verbunden sei»* (25.7.1993). *«Werdet in meinen Händen ein Werkzeug für die Rettung der Welt. (...) Tragt diese Botschaften in die Welt, die nach Gott und nach Gottes Liebe hungert»* (25.3.1994). *«Ich freue mich, (...) daß der Allerhöchste mir geschenkt hat, mit euch zu sein, daß ich euch lehre und auf dem Weg der Vollkommenheit führe»* (25.10.1994).

* * *

Die Frucht dieses Geheimnisses: *«Bittet, dann wird euch gegeben»* (Mt 7,7). Erbitten wir von der Friedenskönigin, in ihren Händen Werkzeuge des Friedens Christi unter seinen Kindern zu sein. Und bitten wir die Rosenkranzkönigin um die Gnade des Gebetsgeistes durch die tägliche Versenkung in Gottes Wort und das Rosenkranzgebet.

* * *

Sie haben dieses Büchlein geschätzt. Verteilen Sie es unter ihren Angehörigen und Freunden, auch wenn sie zweifeln. Maria spricht so eindringlich zu ihren Kindern! Es darf nicht sein, daß ihre Stimme «in der Wüste ruft».

René Lejeune
Am Fest der Darstellung des Herrn im Tempel,
im «Jahre Christi» 1997

Inhaltsverzeichnis